Rechtschreibreform
Eine Antwort an
die Kritiker

Gerhard Augst
Burkhard Schaeder

Ernst Klett Verlag
Stuttgart Düsseldorf Leipzig

Vorwort

Das zunächst und vor allen Dingen zu erstrebende Ziel war die E i n h e i t der Rechtschreibung ... Indem ich von einem Fortschritt spreche, deute ich schon an, daß ... jetzt keineswegs für alle Zeiten ein Stillstand eintreten soll. Nur ein Zwischenziel ist erreicht worden ...

Konrad Duden: Orthographisches Wörterbuch 7. Aufl. 1902, S. IV f.

Am 1. Juli 1996 unterzeichneten Minister aus Deutschland, Österreich und der Schweiz eine „Gemeinsame Absichtserklärung zur Neuregelung der deutschen Rechtschreibung". Damit kam ein Vorhaben zum Abschluss, das seit 1974 viele Kommissionen behandelt hatten. Seit letztem Jahr läuft in allen Ländern die (Vorbereitung zur) Einführung der Rechtschreibreform in dem vereinbarten Zeitraum.

Trotz allem aber erhob sich überraschend ab September 1996 neuer Widerstand gegen die Reform. Er ging aus von dem Weilheimer Studiendirektor Denk. In der Zwischenzeit ist die Zahl der Stellungnahmen in Zeitungsartikeln, Leserbriefen und kleinen und großen Broschüren kaum noch zu überblicken. Es gibt viel „Kriegslärm" mit erschreckend emotionalen Vokabeln. Wir wollen in unserer Broschüre dieses Getöse unbeachtet lassen und nur auf die inhaltlichen Einwände eingehen. Zur gleichzeitig aufgeworfenen rechtlichen Problematik der Reform können und wollen wir nichts sagen.

In unserer Schrift befassen wir uns im ersten Teil zunächst mit allgemeinen Gründen für und gegen die Reform. Im zweiten Teil behandeln wir Kritik an den einzelnen Reformbereichen. Die Broschüre wendet sich an alle, welche sich engagiert und unvoreingenommen ein eigenes Urteil bilden wollen. Sprachwissenschaftliche Begrifflichkeit haben wir, soweit es eben geht, vermieden. Eine Reihe von Grafiken und Tabellen sollen das Verständnis erleichtern.

Die Verfasser dieser Broschüre waren Mitglieder im Internationalen Arbeitskreis, der von 1980 bis 1996 das neue Regelwerk entwickelt hat. Wir danken Klaus Heller, Dieter Nerius, Hermann Zabel und Jürgen Renner für wertvolle Hinweise; Andrea Höppner und Elisabeth Vollers-Sauer für die gute redaktionelle Betreuung; Annette Zimmermann für die zügige Herstellung.

Siegen, im Juli 1997   G. Augst / B. Schaeder

Inhaltsverzeichnis

I. Allgemeine Argumente für die Reform und Gegenargumente

1. Gründe für die Reform

Die heutige deutsche Rechtschreibung (= RS) fußt auf einem Regelwerk, das 1901 erarbeitet wurde. Vertreter Deutschlands und Österreichs einigten sich auf eine einheitliche Rechtschreibung für alle deutschen Sprachgebiete. Die Schweiz trat der Übereinkunft bei. Konrad Duden setzte das Regelwerk ab 1902 in seinem „Orthographischen Wörterbuch" um. Den Berufsständen der Drucker, Setzer, Korrektoren war die amtliche Regelung jedoch zu liberal. K. Duden schrieb für sie 1903 den sog. „Buchdruckerduden" mit viel rigideren Festlegungen. Nach dem Tode K. Dudens wurde sein „Orthographisches Wörterbuch" 1915 mit dem „Buchdruckerduden" vereinigt und hieß seit dieser Zeit zu seinen Ehren „Der große Duden – Rechtschreibung der deutschen Sprache und der Fremdwörter".

Dies ist deshalb wichtig zu erwähnen, weil die Kultusministerkonferenz 1950 und 1955 den Beschluss fasste, dass in Zweifelsfällen die Regeln und Schreibungen des Dudens gelten. Damit wurde die Spezialorthographie der Drucker, Setzer und Korrektoren zur verbindlichen Schreibung in den Schulen. (Vgl. die Grafik).

Das amtliche Regelwerk von 1902 war auf Einfachheit bedacht, sodass Schülerinnen und Schüler die RS lernen und die Schreibenden sie erfolgreich handhaben konnten. Durch den Buchdruckerduden und die folgenden Auflagen des Dudens ab 1915 entwickelte sich bis heute ein immer dichteres Netz von teilweise feinsinnigen Regeln. Wir werden das bei den einzelnen Bereichen zeigen. Statt „einfacher", wie es Konrad Duden gewünscht hatte (vergleiche das Motto), wurde die RS immer komplizierter.

Wenn der Staat jedoch durch einen Erlass die richtige Schreibung für die Schulen festlegt, dann muss diese Regelung so gestaltet sein, dass Schreibende nach dem Ende der allgemeinen Schulpflicht in der Lage sind, diese Norm befolgen zu können. Linguisten können zeigen, dass die derzeitige s-Schreibung durch komplizierte Regeln beschreibbar ist; dasselbe gilt für das Komma bei „und" bzw. beim Infinitiv. Aber die RS ist nicht nur für die Linguisten da und auch nicht nur für die Griechisch-Kenner, sondern für alle Schreibenden. Bei dem großen gesellschaftlichen Stellenwert, den die RS hat, ist es auch nicht möglich, eine einfache RS für das „einfache Volk" und eine sophistizierte RS für die Gebildeten zuzulassen. Dafür ist das symbolische Kapital der RS-Beherrschung zu deutlich ausgeprägt. Dazu sagte Konrad Duden schon 1872:

> *Die Schrift ist nicht für die Gelehrten, sondern für das ganze Volk da [...], und dies verlangt nichts weiter von der Schrift, als daß sie genau, und daß sie leicht zu handhaben sei.*

Die amtlichen Regeln im Verhältnis zum Duden

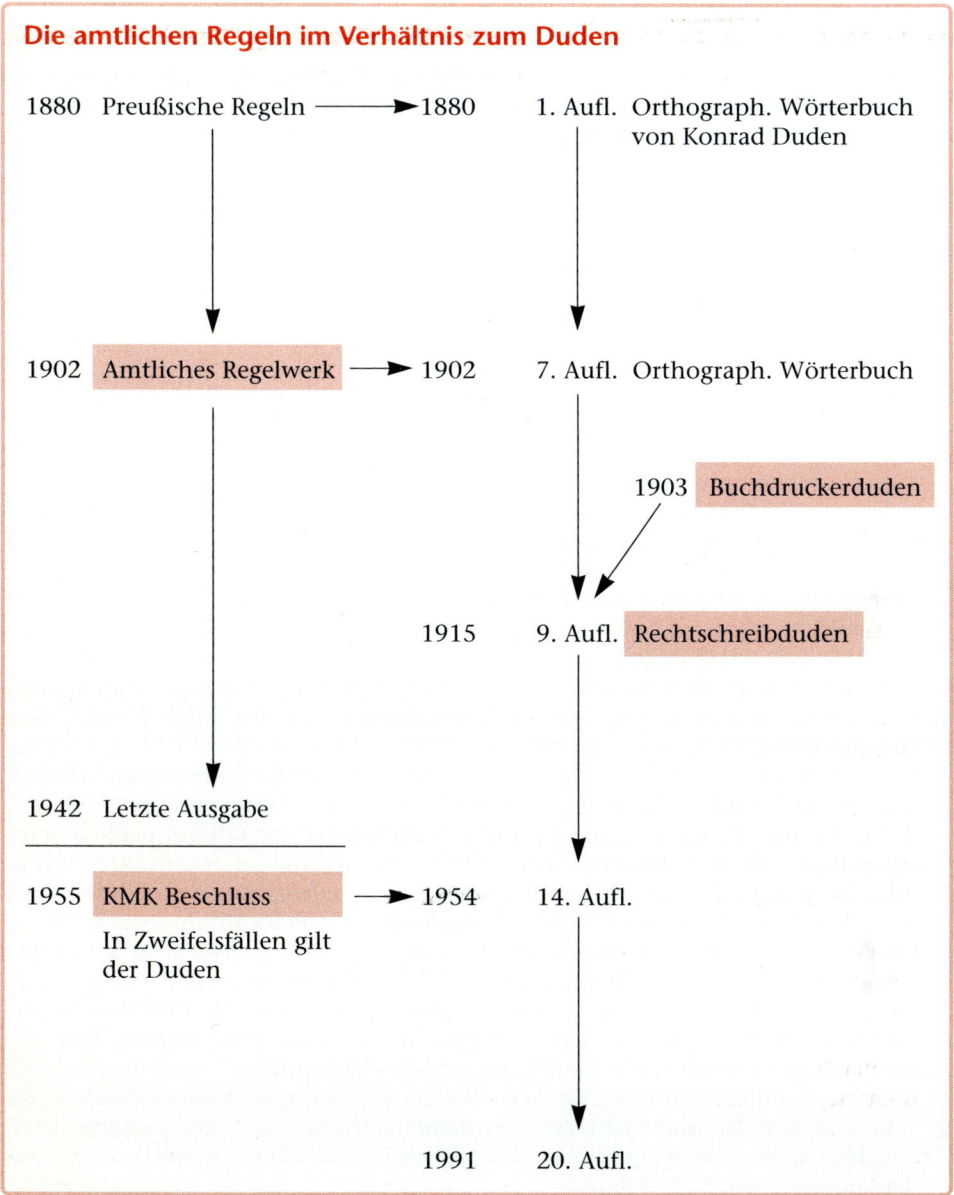

1880 Preußische Regeln ——→ 1880 1. Aufl. Orthograph. Wörterbuch von Konrad Duden

1902 Amtliches Regelwerk ——→ 1902 7. Aufl. Orthograph. Wörterbuch

1903 Buchdruckerduden

1915 9. Aufl. Rechtschreibduden

1942 Letzte Ausgabe

1955 KMK Beschluss ——→ 1954 14. Aufl.

In Zweifelsfällen gilt der Duden

1991 20. Aufl.

Eine RS für alle muss bestimmt sein durch klare Grundregeln, die möglichst wenig Ausnahmen oder gar Ausnahmen von den Ausnahmen haben. Die Kritiker können dieses Ziel nicht dadurch desavouieren, dass sie den „Reformern" unterstellen, sie wollten „das Klavier ohne schwarze Tasten" oder „die Flöte mit zwei Löchern".
RS ist keine Kunstübung, sondern muss den Anforderungen des Alltags genügen.

Die RS ist ebenso ein Teil der schriftlichen Kommunikation, wie die Lautung ein Teil der mündlichen Kommunikation ist. In den medialen Unterschieden 'Rechtschreibung/Lautung' prägen sich besonders deutlich die funktionalen Unterschiede von schriftlicher und mündlicher Kommunikation aus. Der historische Wandel der gesellschaftlichen Aufgaben schriftlicher Kommunikation bewirkt auch einen Wandel der Rechtschreibung.

Dennoch gibt es auch **bedeutende Differenzen zwischen mündlicher und schriftlicher Kommunikation** bzw. Besonderheiten der RS:

▶ Mündliche Kommunikation ist artspezifisch, schriftliche Kommunikation eine kulturelle „Ergänzung".
▶ Das Schreibsystem kann vollständig von einer fremden Sprache übernommen werden, z. B. haben viele Volkssprachen Europas – darunter auch das Deutsche – die lateinische (Recht)Schreibung übernommen. Schreibsysteme können sogar ausgetauscht werden, wie es die Umstellung von der arabischen auf die lateinische Schrift in der Türkei zeigt.
▶ Schreibsysteme neigen auf Grund ihrer psychischen Verarbeitung, vor allem aber wegen der Funktion schriftlicher Kommunikation, Raum und Zeit zu überwinden, zu einer konservierenden Haltung; d. h., trotz des Lautwandels bleibt die Schreibung oft gleich, z. B. spiegelt die englische Orthographie die Lautung des Mittelalters. Das so genannte Dehnungs-h im Deutschen wurde früher gesprochen.
▶ Rechtschreibung wird normiert, und zwar je nach Land von unterschiedlichen Institutionen (Staat, Akademien usw.). Die Kodifizierung der Rechtschreibregeln führt in Europa jeweils zu einem nationalen Ausgleich der Schreibvarianten. Während die deutsche Hoch- und Standardlautung eine Idealnorm ist, wurde die Rechtschreibung nach einem langen Prozess von 1500 bis 1900 staatlich festgeschrieben. Die Rechtschreibung ist daher – neben einigen Bereichen der Fachsprachen – der einzige sprachliche Bereich, in den der Staat regulierend eingreift. Die Zahl der Varianten wird – anders als in den Bereichen Lautung, Flexion, Syntax – stark reduziert. Varianten in der RS gelten vielen als Störfälle.
▶ Aufbauend auf Spontanschreibungen wird die RS bewusst und systematisch in der Schule gelernt. Sie unterscheidet sich damit kategorial von der Lautung. (Vergleichbar wäre etwa, wenn ein Rundfunksprecher die deutsche Hoch- und Standardlautung systematisch lernt.)

2. Zum Verhältnis zwischen Schreibenden und Lesenden

Die Kritiker argumentieren: Der Schreiber muss alles für den Leser tun. Damit rechtfertigen sie faktisch jede bislang gültige Regel oder Ausnahme der RS. Demgegenüber vertreten wir die Auffassung, dass die Anstrengungen des Schreibers, verstanden zu werden, und die Anstrengungen des Lesers, zu verstehen, zu einem gerechten Ausgleich gebracht werden müssen. Was gemeint ist, kann man an einem Beispiel aus der

6

Reformdiskussion verdeutlichen: Der französische Germanist J.M. Zemb hat sich dagegen gewandt, dass die Reformer eine Zeit lang versucht haben, die RS dadurch zu vereinfachen, dass sie die Großschreibung der Substantive beseitigen und nur noch die Eigennamen großschreiben wollten. J.M. Zemb forderte hingegen, dass die Deutschen zwei Sorten von Großbuchstaben bräuchten: die einen, um dem Leser optisch zu zeigen: das ist ein Substantiv, die anderen für die Eigennamen. Das ließe sich auch mit der allgemeinen Maxime rechtfertigen, den Leser möglichst differenziert zu informieren. Aber muss der Schreiber diese Vorleistung bringen?

Das Beispiel zeigt: So plausibel auf den ersten Blick die Maxime „Alles für den Leser" sein mag, so schwer ist es, damit für den Einzelfall zu begründen, dass der Leser diese oder jene RS-Hilfe braucht, um (leichter) zu verstehen. Und noch schwieriger ist es, zu beweisen, dass er auch von ihr weiß und sie dann auch nutzt.

In der Geschichte der RS gibt es ein Beispiel, das zumindest die Befürworter der Maxime „Alles für den Leser" nachdenklich stimmen könnte. Im 18. Jh. entfaltete sich in der RS die Tendenz, möglichst viele Wörter, die gleich lauten (Homonyme), verschieden zu schreiben, damit der Leser es leichter habe, also z.B. *Thon-Ton, seyn-sein, Lärche-Lerche, mahlen-malen*. Die allermeisten Unterscheidungen gingen bis zum 20. Jh. wieder verloren. Wir würden sicher verwundert sein, wenn heute jemand fordern würde, das Possessivpronomen mit *ei*, also *sein*, aber das Hilfsverb mit *ey*, also *seyn*, zu schreiben, weil der Leser das brauchte.

Es ist folglich legitim, bei jeder Konvention der RS danach zu fragen, was sie vom Schreibenden verlangt und was sie dem Lesenden bringt. Der Irrtum der Kritiker besteht darin, dass sie fast jede Nuance, die in der deutschen RS existiert, als unabdingbar verteidigen. Demgegenüber sind wir der Ansicht, **dass alle RS-Regeln genau dann auf den Prüfstand gestellt werden können und müssen, wenn sie dem Leser zwar einen kleinen Vorteil bescheren mögen, dem Schreiber aber große Probleme bereiten. Es muss zu einem Interessenausgleich kommen!**

Zum Schluss noch eine Bemerkung zum Lesen und Verstehen. Schon der rein physikalische Vorgang des Lesens ist nicht ein kontinuierliches Wahrnehmen von Buchstaben; vielmehr springen die Augen in Saccaden vor und (bei Missverstehen) auch zurück. Teile der Wörter werden überhaupt nicht wahrgenommen. Das sinnverstehende Lesen ist ein Hypothesenbilden. Wir lesen so viel mit den Augen, bis wir eine Hypothese über das Neue im Text gebildet haben. Die Hypothesenbildung über das Neue wird vorangetrieben durch das Weltwissen des Lesers, durch sein Wissen über Textsorten u.a., vor allem aber durch den **Kontext des schon Gelesenen**, manchmal auch – in einer Regression – des später Gelesenen. Nur so erklärt es sich, dass die Leser Sätze, die isoliert betrachtet doppeldeutig sind, im Text kaum entdecken können, weil der vorgängige Kontext schon die Sinnerfassung in eine bestimmte Richtung lenkt. Also: **Verstehen ist nur durch Kontext möglich**. Deshalb ist die Berufung auf den Kontext keine Ausflucht der Befürworter der Reform. Jede grafische Markierung muss daher, wenn sie den Schreibern Probleme macht, legitimerweise auf ihre Kontextverknüpfung geprüft werden dürfen.

3. Das Regelwerk als Kompromiss

Viele Kritiker müssen sich den Vorwurf gefallen lassen, dass ihre Kritik reichlich spät kommt. Aus der folgenden tabellarischen Übersicht wird unseres Erachtens deutlich, dass seit 1988 eine breite Diskussion eingesetzt hat, sowohl unter den Wissenschaftlern als auch unter den Laien. Mag es noch verständlich sein, dass manche Laien erst durch das Erscheinen der neuen Wörterbücher die Einzelheiten der Reform bemerkten, so kann das für Wissenschaftler nicht gelten. Es lag für alle interessierten Wissenschaftler seit 1988 die Richtung der Reform offen zu Tage, ab 1992 gab es den veröffentlichten Rorschacher-Entwurf, der fast identisch ist mit dem schließlich 1996 verabschiedeten Regelwerk. Was sich ab 1992 noch geändert hat, sind meistens Rücknahmen von Vorschlägen.

Die RS-Reform ist ein Kompromiss sehr unterschiedlicher Interessen. Es gibt wohl niemanden, der nicht an bestimmten Stellen weniger oder mehr geändert hätte. Es konnte und kann nicht nach dem Grundsatz gehen: „**Rechtschreibreform ja, aber meine!**" bzw. nach der Devise: Rechtschreibreform ja, aber nur nach meinem theoretischen Modell.

Chronik der Reform

1974 Gründung der 'Forschungsgruppe Orthographie' der DDR.

1977 Gründung der 'Kommission für Rechtschreibfragen' des Instituts für deutsche Sprache in Mannheim. (1990 werden beide Kommissionen vereinigt.) In Österreich und der Schweiz gibt es fortdauernde Kommissionen seit den 50er Jahren.

1981 Veröffentlichung der Reformvorschläge der Forschungsgruppe Orthographie der DDR.

1980 Erste Tagung delegierter Vertreter der vorgenannten vier Kommissionen in Basel im Rahmen des 'Internationalen Germanistenverbandes'. Gründung eines 'Internationalen Arbeitskreises zur Rechtschreibreform'. Weitere acht Tagungen 1982, 1984, 1986, 1987, 1988, 1989, 1990, 1991 mit dem Ziel, einen Neuregelungsvorschlag auf der Basis der Entwürfe der vier Kommissionen zu erarbeiten.

1985 **1. Zwischenergebnis:** Veröffentlichung der Mannheimer Kommission: 'Die Rechtschreibung des Deutschen und ihre Neuregelung' (Schwann-Vlg.). Das Buch enthält Entwürfe zur Zeichensetzung, Groß- und Kleinschreibung, Worttrennung und zur s-Schreibung.

1986 1. Wiener Gespräch von Fachbeamten der BRD, Österreich und der Schweiz; die DDR war nur durch einen Beobachter vertreten.

1987 KMK und Bundesinnenministerium beauftragen das Mannheimer Institut, ein Regelwerk in Zusammenarbeit mit der 'Gesellschaft für deutsche Sprache' (Wiesbaden) zu erstellen.

1988 ▶ Im Oktober übergibt die Mannheimer Kommission der KMK einen Regelvorschlag.

2. Zwischenergebnis: Veröffentlichung der Mannheimer Kommission: 'Zur Neuregelung der deutschen Rechtschreibung' (Schwann-Vlg.). Die Vorschläge zur Zeichensetzung und Worttrennung sind im 'Internationalen Arbeitskreis' abgestimmt, die anderen sind Vorschläge der Mannheimer Kommission. Hinzugefügt ist eine Stellungnahme der 'Gesellschaft für deutsche Sprache'.

▶ Durch einen Artikel in der FAZ vom Juni beginnt eine heftige öffentliche Diskussion, die H. Zabel in dem Buch 'Der gekippte Keiser' (1989) dokumentiert hat.

▶ Im November befasst sich die KMK mit dem Entwurf und gründet eine 'Arbeitsgruppe Rechtschreibreform' mit je einem Fachbeamten der 11, später 16 Bundesländer unter Leitung des MDG Niehl (NRW). Das Innenministerium – vertreten durch Frau Dr. Palmen-Schrübbers – nimmt regelmäßig an den Sitzungen der Arbeitsgruppe teil.

1989 Fachtagung mit der Forschungsgruppe 'Geschriebene Sprache' (Bad Homburg). Vorstellung und Diskussion der geplanten Reform.

1990 2. Wiener Gespräch von Fachbeamten aus BRD, DDR, Frankreich, Italien, Liechtenstein, Luxemburg, Österreich, Rumänien, Schweiz, Ungarn.

1992 **3. Zwischenergebnis:** Der Internationale Arbeitskreis veröffentlicht seinen vollständigen Vorschlag 'Deutsche Rechtschreibung – Vorschläge zu ihrer Neuregelung' (Narr-Vlg.): Ein kompletter Regelteil mit drei Varianten zur Groß- und Kleinschreibung. Ausdrückliche Aufforderung und Angebot zur öffentlichen Diskussion.

1993 ▶ Jan.–April: Die KMK-Arbeitsgruppe erbittet schriftliche Stellungnahmen von 43 Verbänden. Es antworten 24 Verbände; vier weitere, unangeforderte Stellungnahmen gehen ein. Alle Stellungnahmen werden von der KMK und dem Bundesinnenministerium als vervielfältigter Reprodruck zur Verfügung gestellt.

▶ Im April nimmt die 'Gesellschaft für deutsche Sprache' auf Grund einer Mitgliederbefragung zu dem Entwurf Stellung. Sie entsendet Herrn Prof. Digeser (Lörrach), den Standpunkt der GfdS in der Mannheimer Kommission zu vertreten.

▶ Mai: Auf Grund der Stellungnahmen laden die KMK und das Bundesinnenministerium die Verbände zu einem Hearing nach Bonn ein. 30 Verbände folgen der Einladung. Das Hearing wird geleitet von den Staatssekretären Besch (Kultusministerium NRW) und Knoppenstedt (Bundesinnenministerium).

▶ Ähnliche Anhörungen finden in Österreich und der Schweiz statt. Mitglieder des Internationalen Arbeitskreises überarbeiten das Regelwerk gemäß den Wünschen aus der BRD, der Schweiz und Österreich, z.B. Beibehaltung der Substantivgroßschreibung, der Unterscheidungsschreibung *das – dass*. Sie fügen eine Wortliste an.

1994 Nov.: 3. Wiener Gespräche. Fachbeamte und Fachwissenschaftler aus BRD, Österreich, Schweiz; ferner aus Liechtenstein, Italien, Frankreich, Belgien, Ungarn diskutieren das Regelwerk und kommen nach einer Reihe von Änderungen zu einer Einigung. Das so beschlossene Regelwerk soll durch eine kleine Redaktionsgruppe von Fachbeamten und -wissenschaftlern fertig gestellt werden. Am Ende der Sitzung findet eine Pressekonferenz statt.
Dez.: Der 'Sprachreport' stellt die Reform dar (bisher 2 000 000 Ex.); ebenso weitere Broschüren, z. B. auch des Dudenverlages.

1995 ▶ März: Das redigierte Regelwerk (Regelteil u. Wörterverzeichnis) wird an alle Teilnehmerstaaten geschickt.
▶ Juni: **4. Zwischenergebnis:** 'Deutsche Rechtschreibung – Regeln und Wörterverzeichnis. Vorlage für die amtliche Regelung' (Narr-Verlag).
▶ August: Einwände von Kultusminister Zehetmair zur Fremdwortschreibung; behoben durch eine Amtschefkonferenz der KMK im Okt. in München.
▶ Okt.: Die Ministerpräsidenten behandeln bei ihrem Treffen in Kiel das Thema Rechtschreibreform.
▶ 1. Dez.: Die KMK beschließt die Einführung der neuen Rechtschreibung zum 1.8.1998 mit einer Übergangszeit bis zum 30.7.2004.
▶ Starke öffentliche Diskussion von August bis Dezember (Vgl. unten: Dez. 96).

1996 ▶ Zustimmende Zurkenntnisnahme durch das Bundeskabinett
▶ März: Zustimmung der Ministerpräsidenten
▶ April: Zustimmung des Bundesinnenministers
▶ Ende Juni: Das Bundesverfassungsgericht nimmt eine Verfassungsbeschwerde, verknüpft mit einer einstweiligen Anordnung, nicht zur Behandlung an.
▶ 1. Juli: Unterzeichnung einer „Gemeinsamen Absichtserklärung zur Neuregelung der deutschen Rechtschreibung" in Wien; als deutsche Vertreter unterzeichnen im Auftrag der Kultusminister der damalige Präsident der KMK und im Auftrag des Bundesinnenministeriums der Staatssekretär Lintner; ferner Minister oder Beauftragte aus Belgien, Italien, Liechtenstein, Österreich, Rumänien, Schweiz und Ungarn.
▶ Okt.: **Endergebnis:** Bekanntmachung der „Gemeinsamen Absichtserklärung zur Neuregelung der deutschen Rechtschreibung" im Bundesanzeiger Jg. 48, Nr. 205a.
▶ Dez.: Dokumentation der öffentlichen Diskussion von 1992–1996 in: H. Zabel (Hg.): „Keine Wüteriche am Werk" (Padligur-Vlg.) 1996.

4.   Die neue „Kommission für Rechtschreibung"

In Wien wurde vereinbart, eine neue Kommission für alle deutschsprachigen Staaten einzurichten, welche die Aufgaben übernehmen soll, die von 1955 bis 1996 der Duden hatte. Die Kritik richtet sich auf zweierlei. Manche Kritiker bezweifeln, ob es überhaupt sinnvoll ist, eine solche Kommission einzurichten. Andere beklagen die

Zusammensetzung der Kommission, in der beinahe nur Mitglieder sitzen, welche die RS-Reform vorbereitet haben. Dies war jedoch erklärte Absicht, denn diejenigen, die das Regelwerk abgefasst haben, sollten in der ersten Zeit auch die nötigen Anpassungen des gesamten Wortschatzes vornehmen und dabei auch den Sinn und die Reichweite der Regeln durch Kommentare verdeutlichen. Falls erforderlich, sollen auch Korrekturen vorgenommen werden. Nach dieser ersten Phase können dann die Weiterentwicklung des Regelwerks auch andere Linguistinnen und Linguisten sowie Didaktikerinnen und Didaktiker vornehmen. Dabei können unter Berücksichtigung der Sprachentwicklung auch neuere Einsichten der Wissenschaft in das Funktionieren der RS zur Geltung kommen.

5. Die Anwendung des Regelwerks in den Wörterbüchern

Das Regelwerk ist schon ziemlich bald nach seinem Erscheinen auf den ganzen Wortschatz angewandt worden. Herausragend sind hier der „Duden" und der „Bertelsmann", die im Folgenden beispielhaft für die neuen Wörterbücher stehen sollen.

Die Kritiker beklagen **voneinander abweichende Schreibungen** in den Wörterbüchern und behaupten, es handele sich um Tausende oder gar Zehntausende von Differenzen.

Dazu ist Folgendes festzustellen:
1. **Abweichungen sind nichts Ungewöhnliches.** Das ist bei jedem Erlass so; es braucht eine gewisse Zeit, bis sich die neue Norm in jedem Einzelfall herausgebildet hat. Konrad Duden hat den Erlass von 1902 nach ersten Anläufen in der 7. Aufl. seines Wörterbuchs von 1902 erst in der 8. Aufl. 1910 vollständig umgesetzt.
2. **Abweichungen kommen oft dadurch zustande, dass die Verlage unterschiedlich mit Varianten umgehen.** So lässt das neue Regelwerk die Worttrennung *einander* und *ein-ander* zu. Bertelsmann notiert *ein/ander*, auch *ei/nander*; Duden setzt nur *ei/nander* an, verweist aber durch R 132 auf die Regel, die auch die Trennung *ein/ander* zulässt. Von dieser Art sind die meisten Abweichungen, welche dann die Kritiker auf ca. 10 000 aufsummieren. Ähnliche Fälle lassen sich bei der Getrennt- und Zusammenschreibung beobachten.
   Neben Fehlern der Wörterbücher, wie z. B. *wieder sehen* statt *wiedersehen*, hat die Anwendung auch einige kritische Fälle zu Tage gefördert, wie das viel zitierte *S/spinnefeind*. Mit diesen Fällen wird sich die Kommission beschäftigen.
3. Viele Kritiker tun sich schwer mit dem Gedanken, dass nun mehrere Wörterbücher nebeneinander stehen können, dies vor allem, weil im deutschen Sprachraum über 40 Jahre die alleinige Auslegungskompetenz dem Duden übertragen war. Da das amtliche Regelwerk nach 1942 nicht mehr nachgedruckt worden ist (vgl. die Grafik S. 5), trat faktisch der Duden an die Stelle des amtlichen Erlasses – und dennoch gab es zwischen dem Duden (1991) und dem Knaur (1992) ca. 700 Differenzen, z. B. *Heliko-pter / Helikop-ter*.

Der Vorschlag eines Kritikers, eine umfassendere orthographische Wörterliste zu erstellen, erscheint uns vernünftig. J. Scharnhorst hat in mehreren Schriften ein solches „Orthographicon" gefordert. Wenn die erste, der Beseitigung von Zweifelsfällen gewidmete Runde vorbei ist, könnte dies eine wichtige Aufgabe für die Kommission sein.

6. Die Dichter/Schriftsteller und die neue Rechtschreibung

> Komisch, daß Schriftsteller
> für und gegen Normen
> streiten, an die sich sowieso
> nicht halten.
> *Martin Walser*

Das Unbehagen des Weilheimer Studiendirektors Denk erhielt 1996 vor allem dadurch seine Durchschlagskraft, dass er auf der Frankfurter Buchmesse eine Reihe von prominenten Schriftstellern gewann, die seine Resolution unterschrieben. Die Vorbehalte mancher Schriftsteller gegen die neue RS sind so groß, dass sie kürzlich den Abdruck ihrer Texte in reformierter Schreibung in Schulbüchern untersagten.

Nun lässt sich viel darüber sagen, warum gerade Schriftsteller so ablehnend reagieren, und es ist schon auffällig, dass sie das seit je getan haben: 1876, 1954 und 1972. Solcher Widerstand gegen eine neue Rechtschreibung und das Beharren auf Regeln von 1902 resultiert vielleicht aus einem besonders innigen Verhältnis zur äußeren Form der Sprache, zum eigenen Werk, vielleicht zur Tradition.

Diskutiert werden soll hier allein die Befürchtung, dass in den Schulbüchern durch ein Nebeneinander von neuer und alter Rechtschreibung ein „Chaos" entstehe. Dazu ist zu sagen:

1. In den nächsten zehn bis zwanzig Jahren werden alle Lesenden, d.h. auch die Schüler, traditioneller und neuer RS begegnen. Das ist kein Schaden, sondern eher von Vorteil. Kein Schaden ist es deshalb, weil die Wissenschaft die so genannte Wortbildtheorie schon lange widerlegt hat, so dass es für die Schülerinnen und Schüler kein Lernhemmnis bedeutet, unterschiedliche Schreibungen zu lesen. Ein Vorteil ist es, weil so vor Augen geführt wird, dass es nicht eine für alle Zeiten gültige Rechtschreibnorm gibt, sondern dass sie sich wie alles Sprachliche schrittweise ändert.
2. Schon immer wurden literarische Texte in der ursprünglichen Orthographie gedruckt bzw. nachgedruckt, etwa nach dem Vorbild der historisch-kritischen Ausgaben (vgl. die dtv-Reihe „Bibliothek der Erstausgaben"). Grundsätzlich belassen sollte die Originalorthographie dort werden, wo sie als besonderes Gestaltungsmittel dient, wie z.B. die Zeichensetzung in den Texten von Heinrich von Kleist, die Kleinschreibung in den Gedichten von Stefan George, Hans Magnus Enzensberger u.a.m., oder auch dann, wenn sie spielerisch-hintersinnig verwendet wird, wie z.B. in den Texten von Arno Schmidt und Ernst Jandl. Ansonsten aber wurde **auch bisher schon** mehr oder weniger stillschweigend in den Ausgaben der führenden Literaturverlage die Originalorthographie der jeweils üblichen angeglichen. In den gängigen Klassikerausgaben etwa von Goethe, Fontane oder Storm findet sich z.B. kein *Thür* und *Thor* mehr mit *h*. Entsprechend heißt es in der Nachbemerkung zur achtbändigen Ausgabe der Romane und Erzählungen von Theodor Fontane im Aufbau-Verlag:
   „Orthographie und Interpunktion sind in den Erstausgaben von den verschiedenen Verlagen oder den einzelnen Setzern nach recht unterschiedlichen Prinzipien behandelt worden. Wir haben sie behutsam den heute geltenden Regeln angeglichen."

3. Durch die neue RS wird kein Text und daher auch kein poetischer Text missver-
ständlich, schwer verständlich oder gar unverständlich. Ob nun die *Schiff(f)ahrt* als
Zusammensetzung mit drei oder zwei *f*, ob das fließende Gewässer als *Fluss* oder
Fluß realisiert wird, berührt nicht den Inhalt und die poetische Aussagekraft litera-
rischer Texte. Die neuen Regeln der Zeichensetzung erlauben es, genau die Kom-
mata, die der Schriftsteller setzt, beizubehalten. Vergleiche als Beleg zu diesem
Punkt das unten abgedruckte Goethe-Gedicht.

Dr. Krimm vom Bayerischen Kultusministerium hat (in der Süddt. Zeitung vom
19.02.1997) Goethes Gedicht 'Die Elemente' (aus dem Westöstlichen Diwan) in drei
Versionen verglichen.
**Entscheidend ist nicht so sehr, dass die neue Rechtschreibung näher bei Goethes
Orthographie liegt, sondern dass die Rechtschreibung in allen drei Formen weder
den Sinn verdunkelt noch die ästhetische Wirkung beeinflusst.**

Die Elemente	Die Elemente	Die Elemente
Aus wievielen Elementen Soll ein aechtes Lied sich nähren? Dass es Layen gern empfinden, Meister es mit Freuden hören.	Aus wie vielen Elementen Soll ein echtes Lied sich nähren, Daß es Laien gern empfinden, Meister es mit Freuden hören?	Aus wie vielen Elementen Soll ein echtes Lied sich nähren, Dass es Laien gern empfinden, Meister es mit Freuden hören.
Liebe sey, vor allen Dingen, Unser Thema wenn wir singen, Kann sie gar das Lied durchdringen, Wirds um desto besser klingen.	Liebe sei vor allen Dingen Unser Thema, wenn wir singen; Kann sie gar das Lied durchdringen, Wird's um desto besser klingen.	Liebe sei vor allen Dingen Unser Thema, wenn wir singen. Kann sie gar das Lied durchdringen, Wird's um desto besser klingen.
Dann muss Klang die Gläser tönen, Und Rubin des Weins erglänzen: Denn für Liebende, für Trinker Winckt man mit den schönsten Kränzen.	Dann muß Klang der Gläser tönen Und Rubin des Weins erglänzen: Denn für Liebende, für Trinker Winkt man mit den schönsten Kränzen.	Dann muss Klang der Gläser tönen Und Rubin des Weins erglänzen: Denn für Liebende, für Trinker Winkt man mit den schönsten Kränzen.
Waffenklang wird auch gefordert, Dass auch die Trommete schmettre, Dass, wenn Glück zu Flammen lodert, Sich im Sieg der Held vergöttere.	Waffenklang wird auch gefordert, Daß auch die Drommete schmettre; Daß, wenn Glück zu Flammen lodert, Sich im Sieg der Held vergöttre.	Waffenklang wird auch gefordert, Dass auch die Drommete schmettre. Dass, wenn Glück zu Flammen lodert, Sich im Sieg der Held vergöttre.
Dann zuletzt ist unerlässlich Dass der Dichter manches hasse; Was unleidlich ist und hässlich Nicht wie Schoenes leben lasse.	Dann zuletzt ist unerläßlich, Daß der Dichter manches hasse; Was unleidlich ist und häßlich, Nicht wie Schönes leben lasse.	Dann zuletzt ist unerlässlich, Dass der Dichter manches hasse; Was unleidlich ist und hässlich, Nicht wie Schönes leben lasse.
Weiss der Sänger dieser Viere Urgewalt'gen Stoff zu mischen, Hafis gleich wird er die Völker Ewig freuen und erfrischen.	Weiß der Sänger, dieser Viere Urgewalt'gen Stoff zu mischen, Hafis gleich wird er die Völker Ewig freuen und erfrischen.	Weiß der Sänger dieser Viere Urgewalt'gen Stoff zu mischen, Hafis gleich wird er die Völker Ewig freuen und erfrischen.
Manuskript Goethes vom 22. Juli 1814	*Text aus der Hamburger Aus- gabe 1972 in der noch gültigen Rechtschreibung*	*Text in der neuen Recht- schreibung*

II. Die einzelnen Gebiete der deutschen Rechtschreibung

1. Allgemeines

Die deutsche RS ist eine Alphabetschrift, d.h., sie fußt auf der Beziehung von Lauten und Buchstaben. Die Alphabetschrift haben die Deutschen von den Römern übernommen. Dass die lateinische RS an einigen Stellen nicht gepasst hat, hat schon um 850 die Gelehrten beschäftigt und ist bis heute spürbar.

Die deutsche RS ist keine Lautschrift, sondern sie liefert wesentlich mehr Informationen an die Lesenden. Diese orthographischen Regeln bildeten sich vor allem seit dem Beginn des Buchdrucks heraus. Dazu zählen als Grundlage

(1) Laut-Buchstaben-Zuordnung (= Alphabetschrift)
(2) Stammschreibung, z. B. *Wälder* wegen *Wald*, aber *Felder* wegen *Feld*
(3) Getrennt- und Zusammenschreibung, z. B.: *Sie sind kaum zu hören.* ≠ *Sie sollten besser zuhören.*
(4) Groß- und Kleinschreibung, z. B.: *Er isst fett.* ≠ *Er isst Fett.*
(5) Zeichensetzung, z. B.: *Ich rate, ihm zu helfen.* ≠ *Ich rate ihm, zu helfen.*
(6) Worttrennung, z. B. *Pri-vat-in-te-res-se*

Wir bündeln im Folgenden die Auseinandersetzung mit den Kritikern nach Phänomenbereichen gemäß den Stufen 2–6.

2. Das Stammprinzip

In der Laut-Buchstaben-Zuordnung gibt es keine grundlegenden Reformen. Ein Versuch (in dem Vorschlag von 1988), in einigen Wörtern das unregelmäßige *ai* durch *ei* zu ersetzen, z. B. *Kaiser* zu *Keiser*, stieß auf starke Ablehnung, vgl. Zabels Buch 'Der gekippte Keiser'. Die meisten vorgenommenen Änderungen zielen darauf ab, die Stammschreibung zu stärken. Ferner wurden einige fremde Schreibungen an die deutschen Regeln angepasst. Kritik gab es zu folgenden Änderungen:

▶ Wechsel *ss* und *ß*
▶ Stammschreibung und Neumotivation
▶ Drei Buchstaben
▶ Fremdwortschreibungen

Dazu im Einzelnen.

▶ Der Wechsel von *ss* und *ß*

Im Deutschen gibt es ein stimmhaftes und ein stimmloses s, z. B. *Sonne, Szene, hopsen, Hals, betriebsam, des Wetters.* Steht s allein nach dem langen Vokal oder Diphthong, so ist nicht vorhersagbar, ob es stimmhaft oder stimmlos ist, z. B. *Haus,* aber *Häuser; reisen,* aber *reißen; Fliesen,* aber *fließen.* Es gibt daher drei Möglichkeiten der Schreibung: *s, ss* und *ß.* Die Schweizer schreiben immer *ss,* wo die anderen *ß* schreiben.

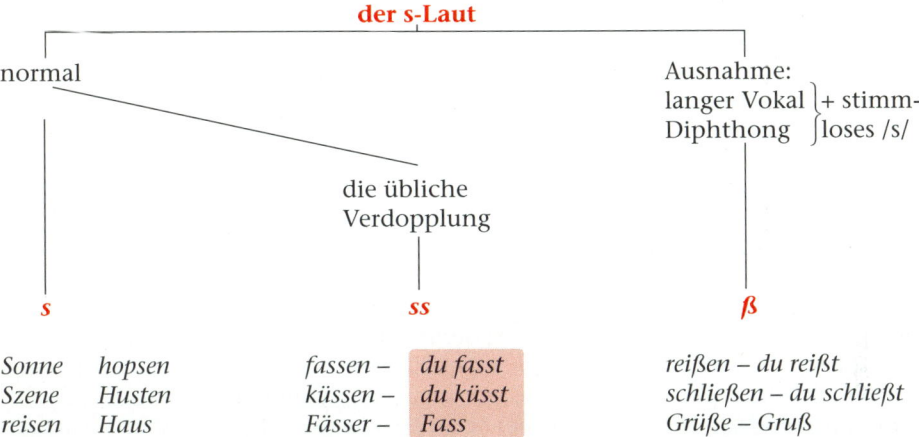

Die Reform schafft den Wechsel von *ss* – *ß* beim selben Wort ab zugunsten der Stammschreibung: *fassen* – *er fasst, das Fass* – *die Fässer.* Sie belässt das *ß* (bei unveränderter Vokallänge) nach langem Vokal und Diphthong; also weiterhin z. B. *der Gruß* – *grüßen.* Natürlich bleibt der Wechsel von *ss* und *ß* dann erhalten, wenn die Vokallänge in einem Wort wechselt, z. B. *schließen* – *schloss* – *geschlossen,* ebenso wie *kommen* – *kam* – *gekommen:*

kommen	du kommst	sie kommt
fassen	*du fasst*	*sie fasst*
küssen	*du küsst*	*sie küsst*

kommen	kam	gekommen
schließen	*schloss*	*geschlossen*
wissen	*weiß*	*gewusst*

Es gibt Kritiker, denen das zu weit geht, anderen geht es nicht weit genug. Es ist richtig, dass der Wechsel s – ß in der alten Schreibung durch Regeln beschreibbar ist; aber wegen der Abweichung von der Stammschreibung ist die s-Schreibung der fehleranfälligste Bereich in der Laut-Buchstaben-Schreibung. Es gibt auch Kritiker, welche die Schweizer Lösung bevorzugen. Es sollte jedoch kein Buchstabe aus der Schreibung getilgt werden, um die historische Kontinuität zu wahren.
Manche Kritiker sehen den Nutzen der Reform ss – ß dadurch eingeschränkt, dass die Konjunktion *daß* (nun *dass*) weiterhin optisch von *das* als Artikel und Pronomen unterschieden wird. Der Internationale Arbeitskreis hat mehrheitlich in seinem Vorschlag von 1992 die Aufgabe dieser Unterscheidungsschreibung vorgeschlagen. Das hat sich in den Genehmigungsverfahren nicht durchgesetzt.

▶ Stammschreibung und Neumotivation

Der Laut [ɛ] wird normalerweise *e* geschrieben, z. B. *Ende, helfen, Fett*; geht er aber auf Umlaut zurück, so steht *ä*, z. B. *Bänder, Hälse, Kälte.* Dasselbe gilt für *eu* und *äu*, z. B. *euch, Eule, Zeuge, Euphorie,* aber *Häuser, er läuft, Mäuschen, Geräusch.* Bisher wurden in den Rechtschreibbüchern einige Ausnahmen genannt, die die Reform beseitigt hat, z. B. *Stängel* zu *Stange, überschwänglich* zu *Überschwang.* Dies gilt auch bei Wörtern wie *belämmert* zu *Lamm, verbläuen* zu *blau* u. a. Mit Hohn und Spott weisen einige Kritiker darauf hin, dass bei den beiden letztgenannten Wörtern die Etymologie, d. h. die historische Herkunft des Wortes, anders ist. Aber u. E. liegt hier ein Missverständnis bezüglich der Funktion des Stammprinzips vor. Das Stammprinzip fragt nicht danach, wie die Wörter **früher** (= etymologisch) einmal zusammengehörten – was nur der Sprachwissenschaftler weiß –, sondern wie die normalen Sprachteilhaber **heute** die Wörter zu Wortfamilien zusammenstellen; und da gehört *behände* zu *Hand,* weil die Motivation des Wortes sagt: Wer *behände* ist, ist *schnell bei der Hand.* Das lässt sich auch nicht durch das ausgedachte Beispiel widerlegen: *Er ist behende zu Fuß.* Dieser Satz ist einfach schlechtes Deutsch, weil er einen Bildbruch (Katachrese) enthält, ähnlich wie in dem Satz: *Die lange Trockenheit ließ die Bauern im Regen stehen.*

Zu *belemmert* steht im Etymologischen Wörterbuch (Kluge/Seebold 23, S. 96): „Vor allem das Partizip wird häufig an *Lamm* angeschlossen, deshalb auch die Schreibung *belämmert* (sic!) und die <u>erkennbare Bedeutungsverschiebung</u> dieser Form." [Unterstreichung – die Vfer.] Die Anpassung der Schreibung von *e* zu *ä* vollzieht also hier den Prozess der Bedeutungsveränderung nach!

Die RS etymologisch zu gestalten, war eine Lieblingsidee von J. Grimm im vorigen Jahrhundert. Etwa ab 1870 hat sich die Mehrzahl der Wissenschaftler, angeführt von Rudolf von Raumer, gegen diese Intention entschieden. Deshalb wurde z. B. auch zwischen 1915 und 1942 das Wort *röhren,* statt früher *reren* und *rören,* mehr und mehr mit *h* geschrieben, weil es zu *Röhre* hin neu motiviert wurde. Die Etymologie als sprachlich und kulturell spannendes Phänomen verkommt zur Bildungsdemonstration, wenn sie dazu herhalten muss, Ausnahmen in der RS zu legitimieren.

In diesen Bereich gehört auch die Integration von Fremdwörtern, z. B.: *Platz* wurde im 13. Jh. aus dem mittellat. *placea* entlehnt, dieses lat. Wort ergab auch das franz. Wort *la place.* Das daraus entstandene franz. Verb *placer* wurde ebenfalls, und zwar im 18. Jh., ins Deutsche aufgenommen und als *placieren* zunächst mit [s] gesprochen. Ende des vorigen Jahrhunderts änderte sich, durch die Anlehnung an *Platz,* die Aussprache von [s] in [ts] mit der Schreibung <z>. Da aber [platsiːrən] ein kurzes [a] hat, muss es, wie das direkte Vorbild *Platz* zeigt, mit <tz> geschrieben werden. Die Reform beseitigt also eine eindeutige doppelte Ausnahme: (1) fehlende Stammschreibung und (2) falsche [ts]-Verschriftung.

Bezüglich der Veränderung von *numerieren* haben manche Kritiker argumentiert, dass in Nebensilben der Konsonant nicht verdoppelt wird. Das ist richtig, z. B. *carrousel* zu *Karussell;* aber das trifft gerade nicht auf die Stammschreibung abgeleiteter Wörter zu, z. B. *Galopp – galoppieren, Horror – horrend, Kontrolle – kontrollieren.* Durch die Reform werden nun die beiden Alltagswörter *Nummer* und *nummerieren* gleich geschrieben; ihnen stehen die Fachwörter *Numerale, numerisch, Numero, Numerus* gegenüber.

1. _röhren_ (zwei Wortfamilien werden zu einer)

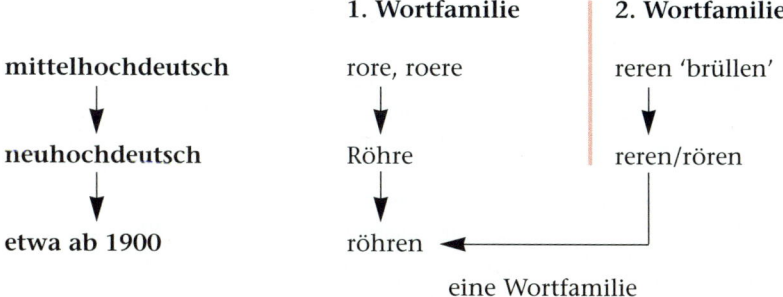

	1. Wortfamilie	2. Wortfamilie
mittelhochdeutsch	rore, roere	reren 'brüllen'
↓	↓	↓
neuhochdeutsch	Röhre	reren/rören
↓	↓	
etwa ab 1900	röhren ←	

eine Wortfamilie

2. _platzieren_ (ein Fremdwort wird zum Lehnwort)

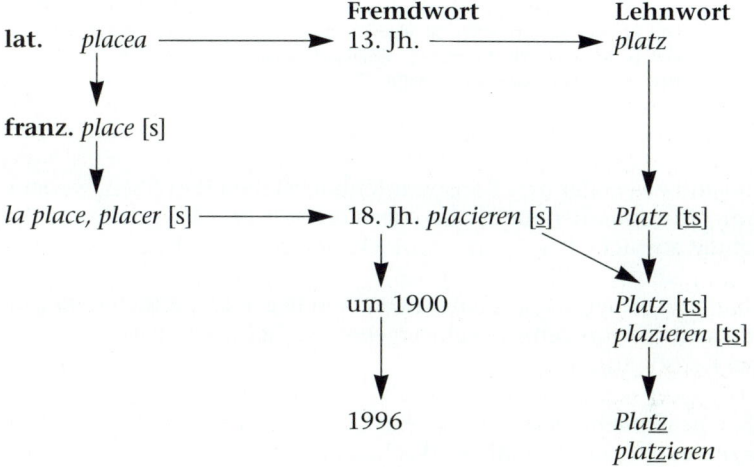

		Fremdwort	Lehnwort
lat.	_placea_ →	13. Jh. →	_platz_
↓			↓
franz. _place_ [s]			
↓			
la place, placer [s] →		18. Jh. _placieren_ [s̲]	_Platz_ [t̲s̲]
		↓	_Platz_ [t̲s̲]
		um 1900	_plazieren_ [t̲s̲]
		↓	↓
		1996	_Platz̲_
			platz̲ieren

3. _nummerieren_ (ein Fremdwort wird zum Lehnwort)

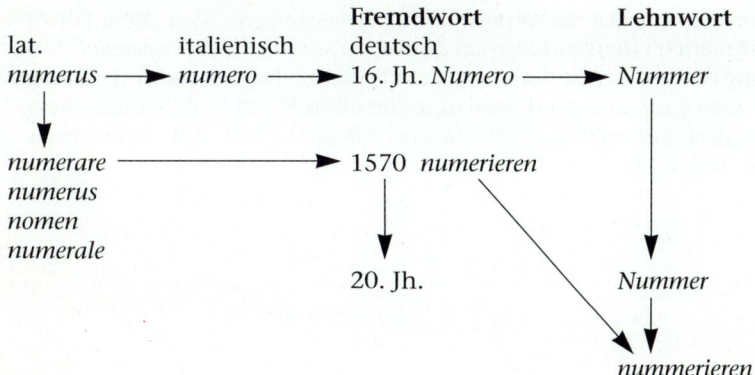

lat.	italienisch	Fremdwort deutsch	Lehnwort
numerus →	_numero_ →	16. Jh. _Numero_ →	_Nummer_
↓			
numerare →		1570 _numerieren_	
numerus		↓	_Nummer_
nomen		20. Jh.	↓
numerale			_nummerieren_

Im amtlichen Regelwerk von **1902** steht in § 14:

> **§ 14.** Man schreibt aber den Mitlaut nur einfach
>
> a) in einsilbigen, gewöhnlich schwach betonten Wörtchen, wie an, am, in, im, mit, um, von, vom, zum, zur; ab, ob, bis, gen, hin, weg; es, das, was, des, wes, man; bin, hat; dagegen merke dann, denn, wann, wenn;
>
> b) in dem Bestimmungswort einiger Zusammensetzungen, das selbständig in dieser Form nicht mehr vorkommt, wie Brombeere, Himbeere, Lorbeer; Damwild; Herberge, Hermann, Herzog; Marschall; Walnuß; Singrün;
>
> c) in dem ersten Teile der Zusammensetzungen dennoch, Dritteil und Mittag.
>
> Anm. Auch in anderen Zusammensetzungen, in denen derselbe Mitlaut dreimal hintereinander zu schreiben wäre, ist es zulässig, ihn nur zweimal zu setzen, z. B. Brennessel, Schiffahrt, Schnelläufer; aber bei Silbentrennung schreibt man Brenn-nessel, Schiff-fahrt usw.

D. h., man kann zwei oder drei Konsonantenbuchstaben schreiben, wobei nach dem Regeltext drei Konsonantenbuchstaben der Vorzug gegeben wird. Zu drei Vokalbuchstaben sagt das amtliche Regelwerk von 1902 überhaupt nichts.

Wie die Grafik zeigt, hat sich aus einer einfachen Regel des amtlichen Regelwerks von 1902 eine Kasuistik von zehn Regeln ergeben, wobei bei Vokalen anders verfahren wird als bei Konsonanten.

Die Kritiker bemängeln neben dem „hässlichen" Aussehen die Zunahme solcher Schreibungen durch den Wegfall des Wechsels von *ss* zu *ß*. Das ist sicher in Bezug auf das ganze Wörterbuch richtig; tatsächlich gebräuchlich sind nur wenige Wörter mit drei gleichen Buchstaben. Um so gravierender fällt es ins Gewicht, dass die bisherige Regelung hier so umfangreich ist.

Die Reform ist von der Stammschreibung ausgegangen. Wer diese Formen hässlich findet, kann auch einen Bindestrich benutzen, also *Rollladen* oder *Roll-Laden*. Die Beanstandung der Kritiker ist deshalb – vom Prinzipiellen des Stammprinzips einmal abgesehen – wenig überzeugend, weil es in der alten Norm laut Duden schon die Schreibung mit drei Buchstaben, z. B. *Sauerstoffflasche,* und mit Bindestrich gibt, z. B. *See-Elefant, Bett-Tuch.*

Vokale **1**

3-Buchstaben-Regeln

Bindestrich

R 36 Ein Bindestrich steht beim **Zusammentreffen von drei gleichen Vokalen (Selbstlauten)** in substantivischen Zusammensetzungen.

Kaffee-Ersatz, Tee-Ernte, Schnee-Eifel, Hawaii-Insel

2 ● Dies gilt nicht für zusammengesetzte Adjektive und Partizipien.

schneeerhellt, seeerfahren

Kein Bindestrich steht, wenn verschiedene Vokale oder nur zwei gleiche Vokale zusammentreffen

Gewerbeinspektor, Energieeinsparung, Seeufer, Gemeindeumlage, Verandaaufgang, polizeiintern, blauäugig, Seeaal, Bauausstellung, Klimaanlage, Werbeetat, Augustaallee

Konsonanten

Zusammentreffen von drei gleichen Konsonanten (Mitlauten)

3 **R 204** Treffen bei Wortbildungen **drei gleiche Konsonanten** zusammen, dann setzt man nur zwei, wenn ein Vokal (Selbstlaut) folgt.

4 *Schiffahrt, Brennessel, Balletttheater* (th, griech. ϑ, gilt hier als ein Buchstabe), *wetturnen*

5 ● Bei Silbentrennung tritt der dritte Konsonant wieder ein.

Schiff-fahrt, Brenn-nessel, Ballett-theater, wett-turnen

6 In den Wörtern „dennoch", „Dritteil" und „Mittag" wird jedoch auch bei der Silbentrennung der Konsonant nur zweimal gesetzt.

den-noch, Drit-teil, Mit-tag

[…]

7 Wo ein Mißverständnis möglich ist, kann ein Bindestrich gesetzt werden.

Bettuch (Laken für das Bett)
Bettuch oder *Bet-Tuch* (Gebetsmantel der Juden)

8 ● Folgt auf drei gleiche Konsonanten noch ein anderer, vierter Konsonant, dann darf keiner von ihnen wegfallen.

Auspufflamme, Pappplakat, Balletttruppe, fetttriefend

9 Treffen drei s aufeinander, wenn ss als Ersatz für ß steht (z. B. bei einer Schreibmaschine ohne ß), dann werden immer alle drei s geschrieben, also auch bei folgendem Vokal.

Kongressstadt, Fusssohle, Masssachen

10 **Zusammen- und Getrenntschreibung**

Dies gilt auch, wenn ein Name auf ss endet.

die Heussschen Schriften

Zum Zusammentreffen von drei gleichen Vokalen ↑ R 36.

aus: Duden, 20. Aufl. 1991

▶ Fremdwortschreibung

Die Schreibung der Fremdwörter ist seit eh und je problematisch. Schreibt man sie nach der RS der fremden Sprache, so sind alle benachteiligt, die diese fremde Sprache nicht können; integriert man sie, so mutet man den Fremdsprachenlernern auch das Lernen einer fremden Schreibung zu. Die Sprachen Europas verfahren sehr unterschiedlich: So integrieren die nordischen Sprachen und das Griechische sehr stark; außerdem gibt es innerhalb einer Sprache oft Phasen stärkerer, dann wieder schwächerer Integration. So hat man im Deutschen um 1900 sehr stark „eingedeutscht" – und das oft auch aus nationalen Motiven; heute – im Zeichen wachsender internationaler Beziehungen – ist man vorsichtiger. Das ist auch die Haltung der Reform. Sie hat ca. 60 Stämme integriert und dabei immer auf angebahnte Entwicklungen geachtet. Die neuen Schreibungen sind als Nebenformen zu den alten zugelassen, sodass die Schreibenden entscheiden, was sich in Zukunft durchsetzen wird.

Die Reform sieht vor, lediglich die Wörter mit den Stämmen *-phon-, -phot-, -graph-* in gängigen Wörtern konsequent mit *f* zu schreiben, da die Angleichung weit fortgeschritten ist, z.B. *Fotograf, Telefon, Grafiker*. In Analogie zu *Fax* steht heute schon *Fon* nur noch mit *F*. Die Abgrenzung zur Fachsprache war und ist schwierig; sie hat daher verständlicherweise in den Wörterbüchern zu Differenzen geführt. Damit muss sich die Kommission beschäftigen.

Die in der Tabelle von *Bureau* zu *Büro* wiedergegebene Schreibintegration zeigt, dass die neue Schreibung *Büro* noch 1915 ausdrücklich abgelehnt wird, 1929 gelten beide Schreibungen als gleichberechtigt, 1942 ist die integrierte Schreibung *Büro* die Hauptvariante. Das Beispiel verdeutlicht, dass neue Schreibungen zunächst auf Ablehnung stoßen, sich dann allmählich durchsetzen (oder aber wieder in Vergessenheit geraten).

Die Reform sieht genau nach diesem Muster eine Integration vor. Es wird meistens die neue Schreibung als Nebenvariante zugelassen. Alle Schreibenden haben daher die Möglichkeit, durch ihre Schreibwahl die alte Form zu stützen oder die neue voranzubringen. Die Schreibung *Delphin* (analog zu: *Elephant* im 19. Jh.) ist genau so richtig wie *Delfin* (analog zu: *Elefant*).

Noch im 19. Jh. übliche Schreibungen

Accent, Boomerang, Carrousel, Chatulle,
Elephant, Kangourou, Shawl, Strike,
Typhoon

---

7. Aufl.	1902	*Bureau;*	–	
9. Aufl.	1915	*Bureau;*	–	„*Büro* ist unzulässige Schreibung"
10. Aufl.	1929	*Büro;*	*Bureau*	„in Preußen gleich-berechtigt" zugelassen, „in Österreich nur letzteres" erlaubt
12. Aufl.	1942	*Büro;*	–	„in Bayern nur so"
		Büro;	*Bureau*	„in Preußen gleich-berechtigt" erlaubt;
		– ;	*Bureau*	„in Österreich nur so"
14. Aufl.	1955	*Büro;*	–	nur noch so: BRD, Österreich und *Bureau* DDR (veraltet für Büro)

**Schreibintegration *Bureau > Büro*
im Duden**

3. Getrennt- und Zusammenschreibung (= GuZ)

Die GuZ ist ohne Zweifel der am stärksten ins Kreuzfeuer der Kritik geratene Bereich. Die Oppositionslisten und die Listen mit den unterschiedlichen Einträgen in Wörterbüchern nennen vor allem Beispiele der GuZ. Deshalb soll dieses Phänomen hier etwas ausführlicher behandelt werden. Die GuZ ist im praktischen Schreiben unauffällig, Abweichungen werden geduldet, bleiben oft sogar unbemerkt. Wenn Schreibende aber eine Regel oder Regeln angeben, die eine GuZ begründen, dann wird es schwierig. Wir müssen daher die Leserinnen und Leser um etwas Geduld bitten bei unseren Ausführungen, die sich in folgende Punkte gliedern:
– Einleitung: die GuZ ist schwierig, aber unauffällig
– Ungereimtheiten der bisher geltenden Regelung
– Zwei Schreibungen nach der bisher geltenden Regelung
– Reformbedürftigkeit der GuZ
– Ziel: Vereinfachung
– Normalfall: Getrenntschreibung
– Vereinheitlichung bisheriger Ungereimtheiten
– Zur Kritik an dem Neuregelungsvorschlag
– Schlussbemerkung

3.1 Ein schwieriger, aber eher unauffälliger Bereich der deutschen Rechtschreibung

Die Getrennt- und Zusammenschreibung war schon bisher und bleibt auch weiterhin ein in Teilen **schwieriger Bereich** der deutschen Rechtschreibung.
Die Reform soll dafür sorgen, dass auch dieser Bereich leichter zu beherrschen und zu handhaben ist.
Die Schwierigkeiten der Getrennt- und Zusammenschreibung werden kaum jemals bewusst, weil die weit **überwiegende Mehrzahl** der Fälle **keine Probleme** bereitet:

eine fremde Sprache – eine Fremdsprache
Briefmarken sammeln – das Briefmarkensammeln
um die Wette laufen – wettlaufen
in die Ferne sehen – fernsehen
gegen Hitze beständig – hitzebeständig
den ganzen Tag über – tagsüber
du bist kaum zu hören – du musst besser zuhören
jmd. fährt (mit dem Zug, mit dem Vortrag) fort – fortfahren

Durch die neuerliche Diskussion werden im Bereich der Getrennt- und Zusammenschreibung **Probleme heraufbeschworen, die es** in der alltäglichen Schreibpraxis und Lesepraxis **nicht gibt**. Die Lektüre beliebiger Texte lässt erkennen, dass problematische Fälle weit seltener vorkommen, als es die Kritiker der Rechtschreibreform suggerieren möchten.

In welchen Texten finden sich schon folgende, **von den Reformkritikern gern angeführte Fälle**:

doppeltkohlensauer, händchenhaltend, handschreiben, lebenbejahend, schaulaufen, sporentragend, staatenbildend, trockensitzen, weltenumspannend.

Eher unauffällige Abweichungen von der bisher geltenden Regelung

Da die bisher geltende Getrennt- und Zusammenschreibung von kaum jemandem restlos beherrscht wurde, waren **bestimmte Fehler nicht auffällig**. Die folgenden Beispiele stammen aus Fehlerstatistiken.

Fälschliche Zusammenschreibungen

blankbohnern (Duden-Grammatik 1995, Seite 437)

sich bereiterklären
das Dach dichtmachen
den Oberkörper freimachen
den Brief geheimhalten
jmdn. krankschreiben
die Stange krummbiegen
die Suppe warmmachen
sich die Fersen wundlaufen
sich die Finger wundschreiben

darüberhinaus
irgendetwas
irgendjemand
zuende
zuhause

infrage (kommen)
soviele (Male)
wieviel (Male)

usw. usw.

Fälschliche Getrenntschreibungen

Rad fahren (in Analogie zu: *Auto/Bus/Schlitten* usw. *fahren*)
Seil spingen
bestehen bleiben (in Analogie zu: *erhalten bleiben*)
gefangen nehmen
kennen lernen
(das Fenster) offen lassen (in Analogie zu: *geschlossen lassen*)
spazieren gehen (in Analogie etwa zu: *angeln/bummeln, einkaufen/schlafen* usw. *gehen*)
verloren gehen

gerade biegen (in Analogie zu: *krumm biegen*)
sauber halten (in Analogie zu: *rein halten*)
selig preisen
übrig bleiben (in Analogie zu: *übrig haben*)

usw. usw.

3.2 Ungereimtheiten der bisher geltenden Regelung

Ein bisher geltender Grundsatz lautet:
Bei konkreter Bedeutung ist getrennt und bei übertragener Bedeutung zusammenzuschreiben, z.B. *(auf dem Stuhl) sitzen bleiben*, aber: *(in der Schule) sitzenbleiben; abwärts gehen (z.B. die Fahrt)*, aber: *abwärtsgehen (die Entwicklung)*.

Bei Umstellung der Bestandteile verschwindet der Effekt:
Er ließ seine Frau sitzen (auf dem Stuhl oder im Stich?)
Es ging abwärts (die Fahrt oder die Entwicklung?)

Zusammenschreibung, obwohl nicht übertragen gebraucht:
spazierengehen, sauberhalten, saubermachen, kennenlernen, bestehenbleiben, kaputtschlagen (wie *sich kaputtlachen*), *geradebiegen* (für 'in eine gerade Form bringen' als auch für 'in Ordnung bringen'), *stillbleiben, (im Bett) liegenbleiben* usw.

Getrenntschreibung, obwohl (auch) übertragen gebraucht:
baden gehen (auch: 'keinen Erfolg haben, scheitern'), *heiß machen* (auch: *jmdm. die Hölle heiß machen*), *(sich) kurz fassen, lästig fallen, locker sitzen, platt machen, schwanger gehen, (einen Vorwurf nicht auf sich) sitzen lassen* ('nicht unwidersprochen hinnehmen'), *den Mund voll nehmen* ('prahlen') usw.

Ungereimtheiten, die von den Reformkritikern unterschlagen werden:

bummeln gehen, aber: *spazierengehen*
baden gehen (auch: *scheitern*), aber:
  stiftengehen (fliehen)
erhalten bleiben, aber: *bestehenbleiben*
(auf dem Stuhl) sitzen bleiben, aber: *(im Bett) liegenbleiben*
sitzen bleiben, aber: *stehenbleiben*
verloren geben, aber: *verlorengehen*
aufrecht sitzen, aber: *geradesitzen*
sich bereit finden, aber: *sich bereithalten*
blank machen, aber: *saubermachen*
(die Schuhe) breit treten, aber: *(die Absätze) schieftreten*
ernst nehmen, aber: *übelnehmen*
(den Hut) flach drücken, aber: *(die Haare) glattkämmen*
ganz/heil machen, aber: *kaputtmachen*
genau nehmen, aber: *schwernehmen*
(das Bier) kalt stellen, aber: *(das Essen) warmmachen*
(die Haare) kurz schneiden, aber: *(die Zwiebeln) kleinschneiden*

jmdn. krank schreiben, aber: *krankfeiern/krankschießen/gesundbeten*
krumm biegen, aber: *geradebiegen*
sich kurz fassen, aber: *jmdn. kurzhalten*
locker sitzen, aber: *festsitzen*
nebeneinander stehen, aber: *hintereinanderstehen*
rein halten, aber: *sauberhalten*
ruhig bleiben, aber: *stillbleiben*
selig machen, aber: *seligpreisen*
übrig haben, aber: *übrigbehalten*
(jmdm. die Hucke) voll hauen, aber: *(den Korb) vollfüllen*
zufrieden machen, aber: *zufriedenlassen*
(als der Brief) bekannt wurde, aber: *bekanntgeworden war*
irgend jemand, aber: *sonstjemand*
Auto/Bus usw. fahren, aber: *radfahren*
da sind, aber: *dasein*

Getrennt oder zusammen? Groß oder klein?
Kohldampf schieben, aber: *kegelschieben, Wache stehen*, aber: *kopfstehen*
steht kopf, aber: *schiebt Kegel, läuft eis*, aber: *läuft Kür*

Konkrete versus übertragene Bedeutung bei der bisher geltenden Getrennt- und Zusammenschreibung

Umstellung   Der Effekt verschwindet

Sie werden (auf dem Stuhl) sitzen bleiben.
Sie werden (in der Schule) sitzenbleiben.   ▶   Sie bleiben sitzen.

Sie wollen (den Pudding) kalt stellen.
Sie wollen (den Politiker) kaltstellen.   ▶   Sie stellen ihn kalt.

Sie haben (das Gras) breit gewalzt.
Sie haben (das Thema) breitgewalzt.   ▶   Sie walzten es breit.

Erweiterung   Der Effekt verschwindet

Sie ist auf dem Heimweg schwer gefallen,   ▶   sehr schwer gefallen.
Die Arbeit ist ihm schwergefallen,   schwerer gefallen.

Ausnahmen   Der Effekt wird nicht genutzt

Sie werden im See
Sie werden mit diesem Vorschlag   ▶   baden gehen.

Die Arbeit ist
Er ist im Bett   ▶   liegengeblieben.

Der Gürtel kann
Das Geld kann   ▶   locker sitzen.

Er wird den Draht
Sie wird die Angelegenheit   ▶   geradebiegen.

Bisweilen waren gleiche Fälle unterschiedlich geregelt.

▶ *schwer verständlich* oder *schwerverständlich*?

Duden-Zweifelsfälle (1972, 761):
eine schwerverständliche oder *schwer verständliche Sprache;*
die Sprache ist sehr schwer verständlich.

Duden-Rechtschreibung (1991) sieht in diesem Fall allein Zusammenschreibung vor:
eine schwerverständliche Sprache.

▶ *leichter fallen* versus *kürzer treten* oder *kürzertreten*?

Duden-Zweifelsfälle (1972, 763):
„Bei Steigerung des Adjektivs ist **getrennte Schreibung nötig**:
*Das Englische ist mir **leichter gefallen** [als das Französische].*
*Wir müssen in **Zukunft kürzer treten**.*"

Duden-Rechtschreibung (1991, 427):
kürzertreten (= sich (mehr) einschränken):
Wir müssen künftig kürzertreten;
so auch: *bessergehen, näherliegen, näherstehen,* aber
(konkret und übertragen gebraucht): *leichter fallen.*

▶ *wieder aufsuchen* oder *wiederaufsuchen*?

Duden-Zweifelsfälle (1972, 737):
Ich habe meinen Freund wiederaufgesucht ('erneut besucht'). *Er hat sein Haus wieder-hergerichtet, wiederhergestellt. Er wird das gewiß nicht wiedertun* ('wiederholen').

Duden-Rechtschreibung (1991):
wiederaufsuchen ('erneut besuchen') („Auch Getrenntschreibung ist möglich": *wieder aufsuchen*); *wiederherrichten* ('etwas erneut in Ordnung bringen') („Auch Ge-trenntschreibung ist möglich": *wieder herrichten*); *wiedertun* ('wiederholen'); („Auch Getrenntschreibung ist möglich": *wieder tun*).

Andere Wörterbücher der deutschen Gegenwartssprache (wie z.B. „Wahrig: Deutsches Wörterbuch"), sehen für diese drei Fälle **allein Getrenntschreibung** vor.

▶ *allgemein gültig* oder *allgemeingültig*?

Duden-Mannheim: *die allgemeingültigen Ausführungen,* aber:
die Aussagen sind allgemein gültig.
Duden-Leipzig: *ein allgemeingültiges* oder *allgemein gültiges Gesetz; das Gesetz war allgemeingültig* oder *allgemein gültig.*

Zwei Schreibungen nach der bisher geltenden Regelung

Auch wenn die Kritiker es nicht wahrhaben wollen und manche Lexikographen dies bestreiten: Es gibt in der bisher geltenden Regelung (vgl. u. a. Duden-Rechtschreibung 1991, R 209, Mentrup 1981, Herberg /Baudusch 1989) eine beträchtliche Anzahl zulässiger alternativer Schreibungen, z. B.

an Stelle **oder** anstelle
an Hand **oder** anhand,
auf Grund **oder** aufgrund;

echt goldene/echtgoldene Bestecke
glänzend schwarze/glänzendschwarze
 Haare
ein rein goldener Ring/reingoldener Ring
ein schwer krankes/schwerkrankes Kind

die blank polierte/blankpolierte Stange
blau gestreifter/blaugestreifter Stoff
der dünn bewachsene/dünnbewachsene
 Felsen
die eng befreundeten/engbefreundeten
 Schüler
die ernst gemeinte/ernstgemeinte Frage
fein gemahlenes/feingemahlenes Mehl
die fest geschnürte/festgeschnürte
 Schlinge
der fett gedruckte/fettgedruckte Buchstabe
ein flott geschriebenes/flottgeschriebenes
 Buch
ein frisch gebackenes/frischgebackenes
 Brot
grau meliertes/graumeliertes Haar
der gut gelaunte/gutgelaunte Besucher
heiß ersehnt/heißersehnt
hoch gebildet/hochgebildet
hoch geehrt/hochgeehrt
kochend heißes/kochendheißes Wasser
ein lang anhaltender/langanhaltender
 Beifall
eine leicht verdauliche/leichtverdauliche
 Speise,
ein leicht verwundeter/leichtverwundeter
 Soldat
das neu bearbeitete/neubearbeitete Buch
die oben erwähnte/obenerwähnte Auffassung

die reich geschmückten/reichgeschmück-
 ten Häuser
der schlecht beratene/schlechtberatene
 Präsident
der schlecht gelaunte/schlechtgelaunte
 Kritiker
die schwach bevölkerte/schwachbe-
 völkerte Gegend
der schwer verletzte/schwerverletzte
 Mann
die stark besiedelte/starkbesiedelte
 Gegend
ein tief erschütterter/tieferschütterter
 Mann
die treu sorgende/treusorgende Mutter
die übel gesinnten/übelgesinnten Nach-
 barn
ein viel beschäftigter/vielbeschäftigter
 Mann
ein viel gebrauchtes/vielgebrauchtes
 Fahrrad
das weich gekochte/weichgekochte Ei
ein weit gereister/weitgereister Mann
die zugrunde liegende/zugrundeliegende
 Idee

ein Erfolg versprechender/erfolgver-
 sprechender Beginn
ein Grauen erregender/grauenerregender
 Anblick
der Pfeife rauchende/pfeiferauchende Alte
das Walzer tanzende/walzertanzende
 Paar
u. a. m.

3.3 Die bisher geltende Regelung ist reformbedürftig

Es dürfte kaum jemanden geben, der die bisher geltende Getrennt- und Zusammenschreibung nicht für unnötig kompliziert hält. Horst Haider Munske bescheinigt ihr in seiner Schrift „Orthographie als Sprachkultur" (1997, S. 314), dass sie eine Summe aus „häufig widersprüchlichen, spitzfindigen und im Sprachverkehr nur eingeschränkt beachteten Regeln" darstelle.
Theodor Ickler, der als unverfänglicher Zeuge zitiert sei, stellt im Hinblick auf die bisher geltende Getrennt- und Zusammenschreibung (der Verben) in seiner Schrift „Rechtschreibreform auf dem Prüfstand (1997, S. 9) fest, dass es hier „viel Wildwuchs und wenig Klarheit" gebe.
Dieter Herberg urteilt über die bisherige Regelung, „der durch den hypertrophierten Regelapparat bedingte beträchtliche Aufwand zur Erlernung und Handhabung" der Getrennt- und Zusammenschreibung stehe „in einem Mißverhältnis zum tatsächlichen Nutzen, den der Lesende für die direkte und rasche Sinnentnahme aus dem Text daraus ziehen kann." (Herberg 1981, S. 121)

3.4 Die bisher geltende Regelung kann vereinfacht werden

Wenn selbst von Kritikern der Reform zugestanden wird, dass die bisher geltende Regelung der Getrennt- und Zusammenschreibung reformbedürftig ist, stellt sich die Frage: **Wie** kann das geschehen?
Es scheint unstrittig zu sein, dass es **keinen Königsweg** zur Lösung der Probleme gibt. Die „Studiengruppe Geschriebene Sprache" hatte 1993 vorgeschlagen: „Gegenstand der amtlichen Regelung können nur im Wörterverzeichnis aufzulistende Zusammenschreibungen sein. Die Funktionsweise der geltenden Regularitäten ist im Kommentar zu erläutern."
Auch Horst Haider Munske, Mitglied des ehemaligen „Internationalen Arbeitskreises für Orthographie" und derzeitiges Mitglied der „Zwischenstaatlichen Kommission für die deutsche Rechtschreibung", vertritt neuerdings diese Position, wenn er erklärt (vgl. S. 314 der oben erwähnten Schrift): „Man muß von dem Versuch einer erschöpfenden Gesamtdarstellung Abstand nehmen." Die Regeldarstellung sollte „auf allgemeine Hinweise mit exemplarischen Beispielen beschränkt werden".
Solche Vorschläge laufen letztlich darauf hinaus, **auf eine Regelung** zu **verzichten** und **sie den Wörterbüchern** zu **überlassen**, die – wie die Geschichte des Rechtschreibdudens lehrt – den Bereich mit dem Hinweis auf entsprechende Wünsche des Publikums dann umfassend und je auf ihre Weise regeln würden.
Wenn man die Regelung der Getrennt- und Zusammenschreibung **nicht dem freien Spiel der Kräfte überlassen**, sondern zum Zwecke einer möglichst einheitlichen Schreibung steuern möchte, muss man zunächst entscheiden, ob man durch eine amtliche Regelung **dem Trend zu vermehrter Zusammenschreibung nachgeben oder** aber ihm **behutsam entgegenwirken** will.

Schon bisher galt die Devise: Eher getrennt als zusammenschreiben!

Duden (Zweifelsfälle der deutschen Sprache 1972, S. 761) fordert: „In Zweifelsfällen [...] schreibe man **getrennt. Das ist besser als gewaltsames Zusammenschreiben.**"
Theodor Ickler unterstützt diese These, wenn er in seiner oben erwähnten Schrift (S. 8) erklärt: „Es ist klar, daß **das Zusammenschreiben** sich **nicht beliebig ausweiten** läßt."

3.5 Normalfall: Getrenntschreibung

Der **Normalfall** ist die **Getrenntschreibung**, d. h. in der weit überwiegenden Mehrheit der Fälle werden zwei im Text unmittelbar aufeinander folgende Wörter voneinander getrennt geschrieben, z. B.

Die Reform verändert das Bild geschriebener Texte nur wenig. Sie soll den Schreibenden eine Erleichterung bringen, ohne die Lesenden über Gebühr zu benachteiligen.

Da die Getrenntschreibung den Normalfall darstellt, bleibt zu regeln, wann in Abweichung vom Normalfall zusammenzuschreiben ist.

Unproblematische Fälle der Zusammenschreibung:

Es gibt seit jeher und weiterhin eine Vielzahl von **unproblematischen Fällen** notwendiger Zusammenschreibung, wie z. B.

▶ *abfahren (fährt ab), ausfüllen (füllt aus), mitkommen (kommt mit), vorziehen (zieht vor), zugeben (gibt zu)* usw.

▶ *handhaben, lobpreisen, maßregeln, notlanden, schutzimpfen* usw., deren Bestandteile **nicht in umgekehrter Reihenfolge** stehen können, **also nicht**: *habe hand/Hand, lande not/Not* usw.;

▶ *fehlschlagen, kundgeben, weismachen* usw., deren erste Bestandteile in dieser Form **nicht als selbständige Wörter** vorkommen;

▶ *angsterfüllt, bahnbrechend, freudestrahlend, herzerquickend, mondbeschienen* usw., in welchen Fällen – wie es Duden-Rechtschreibung (1991) formuliert – „die Zusammensetzung eine Präposition (ein Verhältniswort) oder einen Artikel erspart"; bzw. **der erste Bestandteil für eine Wortgruppe** steht, z. B. auch in Fällen wie: *denkfaul, lernbegierig, schreibgewandt.*

Es gibt einige Fälle, in denen scheinbar dasselbe Wort vorliegt, dieses Wort aber unterschiedliche Funktionen bzw. Bedeutungen hat, wie z. B. die folgenden **(durch Betonung zu unterscheidenden) Fälle:**

▶ *Wenn du so leise sprichst, bist du kaum zu hören;* aber:
Du musst besser zuhören.

▶ *Wir werden die Last zusammen ('gemeinsam') tragen;* aber:
Wir wollen Holz zusammentragen ('sammeln').

▶ *Wir werden wieder (nach Bonn) kommen ('noch einmal');* aber:
Wir werden wiederkommen ('zurückkommen').

Schwierige Fälle der Getrennt- und Zusammenschreibung:

Schon bisher gab es und auch weiterhin gibt es **zwei** Fallgruppen, die beim Schreiben besondere Probleme bereiten:
▶ Verb als zweiter Bestandteil, z. B. *abhanden + kommen, ernst + nehmen, gesund + schreiben, leicht + fallen, warm + laufen* usw.
▶ Adjektiv/Partizip als zweiter Bestandteil: *allgemein + gültig, eisig + kalt, leicht + verdaulich, ernst + gemeint, weit + gereist* usw.

3.6 Getrennt- und Zusammenschreibung (nach dem neuen amtlichen Regelwerk)

In Übereinstimmung mit allen früheren Reformbestrebungen wurde für die Erarbeitung des amtlichen Regelwerks einhellig entschieden, wo immer dies begründet vertretbar sei, **der Getrenntschreibung den Vorzug** zu geben.

Getrennt geschrieben werden soll in folgenden Fällen mit Verb als zweitem Bestandteil:

a) **Verb + Verb**, in welchen Fällen bisher schon allermeist getrennt geschrieben wurde, also z. B. *arbeiten gehen* und *spazieren gehen*, *baden gehen* und *stiften gehen*, *sitzen bleiben* und *stehen bleiben* usw.
Der **Kontext klärt** (wie auch in anderen Fällen, in denen keine Varianzschreibung möglich ist, wie z. B. bei *abstauben*), ob konkrete oder übertragene Bedeutung vorliegt.

b) **Partizip + Verb**, also wie schon bisher *getrennt leben/schreiben*, *verloren geben*, so auch z. B. *gefangen halten/nehmen/setzen*, *verloren gehen*.

c) **Substantiv + Verb**, wenn sie umstellbar sind (mit Großschreibung des Substantivs): *Eis laufen (läuft Eis)*, *Kopf stehen* (wie schon bisher *Schlange/Wache stehen*) usw. Nicht umstellbar sind z. B. *schlafwandeln*, *schlussfolgern* usw., also nicht: **wandelt Schlaf, *folgert Schluss*.
Ausnahmen: Verblasste Substantive: *standhalten/ hält stand*; sowie:
  heim- (-gehen, -zahlen usw.), irre-, preis-, statt-, teil-, wett-, wunder-.

d) **Adverb + Verb**, und zwar grundsätzlich (1) *-wärts/-seits/-einander + Verb*; (2) *da/vorbei/zurück usw. + sein/gewesen* (bisher zusammen); auch (wie schon bisher): *da/vorbei/zurück bist/ist* usw. (3) Fälle, in denen der erste Bestandteil bereits eine Zusammensetzung darstellt, wie z. B.(neben den auch schon bisher getrennt geschriebenen Fällen) *abhanden (kommen), beiseite (legen)*, auch *vonstatten (gehen), zugute (halten/kommen/tun)* usw. (**mit einer Freizone** möglicher Getrennt- oder Zusammenschreibung).

e) **Adjektiv + Verb**, und zwar (1) wenn das **Adjektiv auf -ig, -isch, -lich** endet, also neben den bisher auch schon mehr als 100 getrennt geschriebenen Fällen auch: *einig gehen, fertig bekommen* (wie schon bisher: *fertig werden*), *fertig bringen/machen/stellen, flüssig machen* (unabhängig von konkreter und übertragener Bedeutung) usw.; (2) wenn der **adjektivische Bestandteil gesteigert oder steigerbar bzw. erweitert oder erweiterbar** ist, z. B. (wie schon bisher) *schnell/schneller/sehr schnell laufen*; aber auch (und zwar unabhängig von konkreter oder übertragener Bedeutung): *leicht/leichter/schwer/schwerer fallen (fällt leicht/schwer)* usw. (**mit einer Freizone** möglicher Getrennt- oder Zusammenschreibung).

Zusammengeschrieben werden soll nach der Neuregelung u. a.,

a) wenn der **erste Bestandteil** in dieser Form **nicht selbständig vorkommt**: *fehlgehen, feilbieten, kundtun, weismachen* usw.

b) wenn (in Umkehrung der Regel für die Getrenntschreibung) **der erste Bestandteil nicht steigerbar bzw. erweiterbar** ist, was in einer Vielzahl von Fällen zu einer auch bisher üblichen Schreibung führt, z. B. *freikaufen, freisprechen* ('für nicht schuldig erklären'), im Gegensatz zu: *frei/freier sprechen* ('ohne Manuskript sprechen'); *gutschreiben* ('anrechnen'), im Gegensatz zu *gut/besser schreiben* usw. (**mit einer Freizone** möglicher Getrennt- oder Zusammenschreibung).

Alte und neue Schreibung

alte Schreibung		neue Schreibung
sitzen bleiben (bleibt sitzen) sitzenbleiben (bleibt sitzen)	▶	sitzen bleiben
sein lassen (läßt sein) seinlassen (läßt sein)	▶	sein lassen
abwärts gehen (geht abwärts) abwärtsgehen (geht abwärts)	▶	abwärts gehen
nebeneinander sitzen (sitzen n.) nebeneinandersitzen (sitzen n.)	▶	nebeneinander sitzen
leicht fallen (leichter fallen) leichtfallen (leichter fallen)	▶	leicht/leichter fallen
näher liegen (liegt näher) näherliegen (liegt näher)	▶	näher liegen
flüssig machen (macht flüssig) flüssigmachen (macht flüssig)	▶	flüssig machen
Auto fahren (fährt Auto) radfahren (fährt Rad)	▶	Auto/Rad fahren
Ski laufen (läuft Ski) eislaufen (läuft eis)	▶	Ski/Eis laufen
Wache stehen (steht Wache) kopfstehen (steht kopf)	▶	Wache/Kopf stehen

3.7 Die Neuregelung vereinheitlicht die bisher uneinheitlich geregelten Fälle (siehe oben 3.2) in folgender Weise:

bummeln gehen und *spazieren gehen*
baden gehen und *stiften gehen*
erhalten bleiben und *bestehen bleiben*
sitzen bleiben und *liegen bleiben*
sitzen bleiben und *stehen bleiben*
verloren geben und *verloren gehen*

aufrecht sitzen und *gerade sitzen*
sich bereitfinden und *sich bereithalten*
blank machen und *sauber machen*
oder auch: *blankmachen, sauber-*
    machen
(die Schuhe) breittreten und *die Ab-*
    sätze schieftreten
ernst nehmen und *übel nehmen*
(den Hut) flachdrücken und *(die Haare)*
    glattkämmen
ganzmachen/heilmachen und *kaputt-*
    machen
genau nehmen und *schwer nehmen*
(das Bier) kalt stellen und *(das Essen)*
    warm machen
(die Haare) kurz schneiden und *die*
    Zwiebeln klein schneiden
oder auch: *kurzschneiden* und *klein-*
    schneiden
jmdn. krankschreiben und *krank-*
    feiern/krankschießen/gesundbeten

krumm biegen und *gerade biegen*
oder auch: *krummbiegen* und *gerade-*
    biegen
sich kurz fassen und *jmdn. kurz halten*
locker sitzen und *fest sitzen (festsitzen)*
nebeneinander stehen und *hinter-*
    einander stehen
rein halten und *sauber halten*
ruhig bleiben und *still bleiben*
selig machen und *selig preisen*
übrig haben und *übrig behalten*
(jmdm. die Hucke) vollhauen und *(den*
    Korb) vollfüllen
zufrieden machen und *zufrieden lassen*
(als der Brief) bekannt wurde und *be-*
    kannt geworden war
leichter fallen und *kürzer treten*

irgendjemand und *sonstjemand*
da sind und *da sein*

Auto/Bus usw. *fahren* und *Rad fahren*
Kohldampf schieben und *Kegel*
    schieben
Wache stehen und *Kopf stehen*

steht Kopf und *schiebt Kegel*
läuft Eis und *läuft Kür*

Freizonen für die Entscheidung: Getrennt- oder Zusammenschreibung

Das neue amtliche Regelwerk sieht – was von den Kritikern gern unterschlagen und von den Wörterbüchern nicht genutzt wird – für klar begrenzte Fallgruppen alternative Schreibungen vor, und zwar zu einem guten Teil in Übereinstimmung mit der bisher geltenden Regelung.

Die falschen Beispiele der Kritiker (in Auswahl)

ernst + gemeint

Schon bisher konnte man schreiben:
eine ernst gemeinte Anfrage neben
eine ernstgemeinte Anfrage.

frisch + gebacken

Schon bisher konnte man schreiben:
ein frisch gebackenes Brot neben
ein frischgebackenes Brot; aber –
damit jeder merke, dass dies nicht
konkret gemeint ist – nur:
ein frischgebackenes Ehepaar.

Grauen + erregend

Schon bisher konnte man schreiben:
ein Grauen erregender Anblick neben
ein grauenerregender Anblick.

nebeneinander + sitzen

Schon bisher gab es die Schreibung:
nebeneinander ('einer neben dem anderen') *sitzen* neben
nebeneinandersitzen ('benachbart sitzen').

weit + gereist

Schon bisher konnte man schreiben:
ein weit gereister Mann neben
ein weitgereister Mann.

fest + sitzen und *wieder + kommen*

Nach wie vor ist zu unterscheiden zwischen
a) *festsitzen* ('nicht weiterkommen') und *fest sitzen*;
b) *wiederkommen* ('zurückkommen') und *wieder* ('noch einmal') kommen,
   ebenso zwischen **wiedersehen** und **wieder sehen**.

Der feine Unterschied zwischen einem *heiß + gelaufenen Motor* und einem *heiß + geliebten Mädchen*
Die Kritiker bestehen darauf, dass man weiterhin schreiben sollte: *ein heißgelaufener Motor* und *ein heißgeliebtes Mädchen*.
Die Neuregelung möchte auch in der Schreibung deutlich machen, dass ein Motor sehr wohl *heißlaufen*, ein Mädchen aber nicht *heißgeliebt* werden kann.
Also: **ein h<u>ei</u>ßgelaufener Motor**, aber: **ein h<u>ei</u>ß gel<u>ie</u>btes Mädchen.**

3.8 Gegen die Reform vorgebrachte Kritik

Früher war alles besser?

Die kursierenden Listen „bisher – geplant" suggerieren, dass **früher alles besser** gewesen sei. Das **trifft** aber, wie oben anhand der Liste der Ungereimtheiten gezeigt wurde, selbst nach dem Urteil etlicher Kritiker des amtlichen Regelwerks **nicht zu**.

Falsche bzw. irreführende Beispiele bisheriger Rechtschreibung

Eine **Reihe von Beispielen angeblich bisher geltender Rechtschreibung** sind **falsch**, zumindest aber irreführend. **Schon bisher** war zu schreiben:

allzu oft (neben: *allzuoft*), *bekannt machen* (neben: *bekanntmachen*), *brütend heiß* (neben: *brütendheiß*), *Grauen erregend* (neben: *grauenerregend*), *ernst gemeint* (neben: *ernstgemeint*), *flöten gehen* (neben: *flötengehen*), *frei lebend* (neben: *freilebend*), *nebeneinander sitzen* (neben: *nebeneinandersitzen*), *treu ergeben* (neben: *treuergeben*), *grau meliert* (neben: *graumeliert*), *heiß geliebt* (neben: *heißgeliebt*), *hierhin laufen* (neben: *hierhinlaufen*), *hier bleiben* (neben: *hierbleiben*), *hoch gewachsen* (neben: *hochgewachsen*), *klar sehen* (neben: *klarsehen*), *leicht verständlich* (neben: *leichtverständlich*), *mit berücksichtigen* (neben: *mitberücksichtigen*), *nahe stehend* (neben: *nahestehend*), *schlecht gelaunt* (neben: *schlechtgelaunt*), *tief erschüttert* (neben: *tieferschüttert*), *zu Lande* (neben: *zulande*), *zur Zeit* (neben: *zurzeit*)

Falsche Beispiele für die neue Rechtschreibung

Eine **Reihe von Beispielen**, die gegen die neue Rechtschreibung angeführt werden, sind **falsch**, z. B.: *zu Lasten* kann auch weiterhin *zu Lasten* geschrieben werden (neben: *zulasten*); neben *wieder* ('noch einmal') *sehen* gibt es auch weiterhin *wiedersehen*, neben *fern* ('in der Ferne') *halten* auch weiterhin *fernhalten*, neben *weiter* (weiterhin) *machen* auch *weitermachen* usw.

Schreibungen wie *der Dienst habende Beamte, der Dienst Habende, die Dienst tuende Ärztin, der Dienst Tuende, das nichts Sagendste, Vertrauen erweckenste* usw. sind nach dem amtlichen Regelwerk unzulässig, weil der zweite Bestandteil (z. B. *das Sagendste*) in dieser Form nicht selbständig vorkommt.

Die angebliche „Vernichtung" von Wörtern

Der Vorwurf, durch vermehrte Getrenntschreibung würden Wörter vernichtet, ist genauso **unsinnig**, wie es die Behauptung wäre, durch vermehrte Zusammenschreibung ließen sich neue Wörter gewinnen.

Doppelschreibungen bzw. Varianzschreibungen

Varianzschreibungen bedeuten kein Übel, sondern schaffen **Freizonen**, d. h. bieten in bestimmten Fällen den Schreibenden die Möglichkeit, in der einen oder der anderen Weise zu schreiben. Solche Freizonen gab es (wie oben gezeigt wurde) **schon bisher**, und es muss und wird sie **auch weiterhin** geben.

Unterschiedliche Schreibungen in den Wörterbüchern

Die zum Teil unterschiedlichen Schreibungen in den Wörterbüchern haben **verschiedene Gründe**. Sie beruhen zu einem nicht geringen Teil auf einer unzutreffenden Auslegung des amtlichen Regelwerks. Diese unterschiedlichen Schreibungen sind inzwischen aufgelistet und werden (**ebenso wie die Einwände der Kritiker**) durch die zwischenstaatliche Kommission **sorgfältig geprüft und geklärt**.

3.9 „So dramatisch, wie oft an die Tafel gemalt, sind die neuen Regeln wirklich nicht."

Die Wochenzeitschrift DIE WOCHE hat im Dezember 1996 die neue Rechtschreibung eingeführt und sie damit – wie es sich die Kritiker der Reform gewünscht haben – **in der alltäglichen Schreibpraxis getestet**.

Die Woche (Nr. 52/1, Dezember 1996): **Hausmitteilung**

Sie wissen, wir haben uns nie an der allgemeinen Aufregung über die Reform der deutschen Rechtschreibung beteiligt, auch nicht am jüngsten, verspäteten Aufflackern der Empörung. Viele von uns, auch ich, hielten das neue Regelwerk für überflüssig, aber da Sprache etwas Lebendiges ist, sich verändert und weiterentwickelt, haben wir gelernt, dass es durchaus gut sein kann, ihre Regeln ab und an zu renovieren. Schließlich sind bald 100 Jahre seit der letzten Rechtschreibreform vergangen. Da ist es an der Zeit, Widersprüche und Ballast zu überprüfen.
Sicher hätten wir uns den jetzt beschlossenen Kompromiss in etlichen Punkten anders vorgestellt oder gewünscht. Will sagen, auch in der WOCHE-Redaktion sind die neuen Regel heftig diskutiert worden. Trotzdem fanden wir die Reform nach gründlicher Prüfung so unsinnig nicht. Und um unseren Lesern die Umstellung frühzeitig zu ermöglichen (viele Schulen und Institutionen setzen sie bereits ein), werden wir von dieser Ausgabe an die neuen Regeln verwenden. Dabei wollen wir die Freiheiten, die die Reform zum Beispiel bei der Kommasetzung oder der Silbentrennung lässt, weitgehend auch unseren Mitarbeitern einräumen. Die WOCHE-Autoren Günter Grass, Siegfried Lenz oder Peter Rühmkorf müssen nicht um ihre persönlichen Eigenheiten fürchten; wir werden deren Texte auch in Zukunft in ihrer Sprachdiktion drucken.
Scheußlichkeiten zudem wie die Abtrennung einzelner Buchstaben am Zeilenende (etwa bei A-bend) sollen uns und Ihnen erspart bleiben. Wo es für einige Wörter künftig mehrere Schreibweisen gibt (Delphin/Delfin), wird sich die Redaktion für eine Variante entscheiden, die das Sprachgefühl nicht allzu sehr schmerzt – eine Sonderbeilage klärt Sie darüber auf.
Und wenn Sie diese WOCHE kritisch studieren, wird Ihnen wie uns schnell klar werden: So dramatisch, wie oft an die Tafel gemalt, sind die neuen Regeln wirklich nicht.

[Unterschrift]: Ihr Manfred Bissinger

Zu guter Letzt

In seiner Schrift „Rechtschreibreform auf dem Prüfstand" (1997, S. 18) schreibt Theodor Ickler: „Die vermehrte Getrenntschreibung dient – das sei abschließend bemerkt – der **Beseitigung von Unsicherheiten beim Schreiben**", wobei er einschränkend hinzufügt: „Aber sie erreicht dieses Ziel nur sehr unvollkommen und stets auf Kosten des Lesers."

Wenn selbst erklärte Reformgegner zugestehen, dass die Neuregelung der Getrennt- und Zusammenschreibung den Schreibenden nützt, unterstützen sie im Grunde ein wesentliches Ziel der Neuregelung.

4. Groß- und Kleinschreibung (= GuK)

Die Großschreibung der Substantive ist eine Besonderheit der deutschen RS. Über ihren Nutzen für die Lesenden gibt es sehr unterschiedliche Auffassungen. Alle sind sich jedoch darin einig, dass sie in bestimmten Bereichen schwierig für den Schreiber zu handhaben ist. „Bestimmte Bereiche" will heißen: Normale Schreiber haben keine Probleme, die Substantive groß- und die Nicht-Substantive kleinzuschreiben (vgl. die fetten Striche in der Graphik). Probleme treten auf bei den Substantivierungen, vor allem aber bei den Scheinsubstantivierungen und bei den Desubstantivierungen. Quantitativ sind davon ca. 5 % aller Großschreibungsfälle im Satzinneren betroffen. Dass solche Fehler durchaus nicht nur den Schülern und wenig schreibenden Erwachsenen passieren – auf die viele Kritiker mit Verachtung herabschauen -, sondern auch den Profis, soll die nebenstehende Kopie aus einem Zugbegleiter der Deutschen Bundesbahn (IR 2510, März 1996) belegen.

Die Sprachwissenschaft hat diese Großschreibung traditionell mit der Wortart Substantiv verknüpft. In jüngster Zeit hat Utz Maas die Theorie entwickelt, dass es nicht auf das Substantiv ankommt, sondern auf den Kopf/Kern eines nominalen Satzteils, der großgeschrieben wird. Dieser Auffassung schließen sich die Kritiker an. Noch jüngeren Datums ist aber ein theoretischer Ansatz von Peter Gallmann, der sowohl den traditionellen als auch den „Kopf"-Ansatz als zu kurz greifend charakterisiert. Er erklärt die GuK aus sechs sich gegenseitig überlappenden „Konzepten". Die Reformer haben sich, nachdem die gemäßigte Kleinschreibung nicht zu realisieren war, mehrheitlich von diesem letzten Ansatz bei ihrem Reformvorschlag leiten lassen.

Ausschlaggebend waren dabei auch Fehleranalysen, die zeigen, dass der normale Schreiber, der ja nur in den allerseltensten Fällen Linguist ist, sich von zwei Maximen leiten lässt: (1) Schreibe Substantive immer groß (dabei unterstützt ihn die Speicherung häufig gebrauchter Substantive als Schreibschemata mit großem Anfangsbuchstaben und der vorhandene oder einsetzbare Artikel); (2) Schreibe Nicht-Substantive nur groß, wenn sich ein Artikel oder ein Artikelwort auf das fragliche Wort bezieht. Viele Substantivierungen sind nach (1) gespeichert, z.B. *der Abgeordnete, die Verlobte*. Selbst in der alten RS versierte Schreiber neigen dazu, *im nachhinein* mit großem *N* zu schreiben; und auch *auf dem trockenen sitzen* (aus Mangel an Geld) erscheint meist mit großem *T*.

Die Reform richtet sich daher auf Fälle wie (in neuer Schreibung):
- ▶ *heute Abend*
- ▶ *Angst machen*
- ▶ *Er ist ihm Feind*
- ▶ *im Dunklen tappen*
- ▶ *schwarzes Brett*
- ▶ *die Einstein'sche Relativitätstheorie*

Manche Kritiker wenden sich gegen die Vorschläge, die GuK in diesen Fällen zu verändern.

	Groß	**Klein**
im Wörterbuch:	Substantiv	Nicht-Substantiv
im Text:	(1) Substantiv	(3) Nicht-Substantiv
	(4) Substantivierung	(2) Desubstantivierung
		(5) Scheinsubstantivierung

Beispiele in alter RS:
(1) *Der Dank der Kinder war ehrlich.*
(2) *Dies geschah dank der Kinder.*

(3) *Das Haus ist groß.*
(4) *Das Große liegt ihnen nicht.*
(5) *Sie haben im großen und ganzen gut gearbeitet.*

Wir bauen zügig weiter – sonst ist für Berlin der Zug bald abgefahren.

Sehen Sie's mal so: Da, wo heute noch die Preßlufthämmer auf's Heftigste wummern, wird morgen schon der Schienenverkehr auf's Kräftigste pulsieren.
Bitte immer mal dran denken, wenn der Blutdruck wegen der Fahrplanänderungen allzusehr nach oben geht.

Freie Bahn für Berlin. DB

▶ heute Abend

Mit besonderer Vehemenz wenden sich die Kritiker gegen die neue Schreibung: *heute Abend*. Zur Begründung ihrer Kritik führen sie an, dass schwer zu unterscheiden und zu lernen sei:
heute Abend – morgen früh – Dienstagabend.

Vorab sei erwähnt, dass Lehrende ein Lied von den Schwierigkeiten zu singen wissen, die die Vermittlung der Groß- und Klein-, Getrennt- und Zusammenschreibung der Tageszeiten bereitet hat. Zunächst einmal ist anzumerken, dass *morgen/Morgen* und *abend/Abend* sich sehr unterschiedlich verhalten. Während es zum Substantiv *Morgen* (*es war ein schöner Morgen*) das frei verfügbare Adverb *morgen* (aber in anderer Bedeutung!) gibt (*ich komme morgen/morgen komme ich*), kam *abend* bisher allein in der Verbindung *heute/morgen/gestern* usw. *abend* vor; also: *es war ein schöner Abend*, nicht aber: **ich komme abend*. Es ist daher durchaus verständlich, dass *Abend* in der Verbindung *heute Abend* schon bisher häufig großgeschrieben wurde.

Dagegen ist *früh* ein Adjektiv. Zwar gibt es das süddt. und österr. Substantiv *die Früh*, aber nur in der Wendung *in der Früh*. Es besteht mithin in der Wendung *morgen früh* keinerlei Verlockung zur Großschreibung von *früh* und damit auch nicht von *morgen*.

Bei *Dienstag + abend* war in der herkömmlichen Rechtschreibung ein feinsinniger Unterschied zu beachten: *Dienstag abend*, z. B. *am Dienstag abend* ('an dem bestimmten Dienstag') *treffen wir uns*; und *Dienstagabend*, z. B. *am Dienstagabend* ('an jedem Dienstag') *hat sie Gesangstunde*. Die Neuregelung verzichtet auf diese Unterscheidung, bei der ohnehin unklar war, ob Schreiber und Leser sie zu nutzen wussten.

In einem weiteren Punkt irren die Kritiker. Sie plädieren für die Kleinschreibung von *abend* und *morgen*, weil sie als Satzglied fungierten und mit *Wann?* erfragt würden. Das trifft für das oben erwähnte Beispiel zu: *Ich komme morgen. – Wann kommst du? – Ich komme morgen!* Anders in der Verbindung *heute Morgen* bzw. *heute Abend*: Hier kann die Antwort auf die Frage *Wann kommst du?* nicht lauten: *Morgen!* Und schon gar nicht: *Abend!* Linguistisch betrachtet steht hier *Morgen* bzw. *Abend* in einer Juxtaposition. Erfragt wird in einem solchen Fall das komplette Satzglied. Auf die Frage *Wann kommst du heute?* lautet die Antwort: *Am Abend*.

▶ Angst machen

Ähnlich verläuft die Argumentation bei den Wörtern *Angst, Gram, Leid, Pleite, Schuld*. Es nützt dem Schreiber wenig, wenn die Kritiker (oder der alte Duden R 64) darauf hinweisen, dass dies teilweise „alte Adjektive" sind. Für den normalen Schreiber gibt es keine „alten Adjektive", es sind einfach Substantive: es gibt nicht **der angste/ grame/leide/pleite/schulde Mann*. Wenn also diese Wörter unerweitert in festen Wendungen mit Verben auftreten, so kommt der Schreiber überhaupt nicht auf die Idee, dass hier kleinzuschreiben ist. Die Reform hat in diesem Dilemma einen Kompromiss angestrebt: Sie hat die Zahl der Verben auf *sein, bleiben, werden* und die Fälle der Desubstantivierungen auf *angst, bange* (wegen der Paarformel), *gram, leid, pleite, schuld* begrenzt. Natürlich kann man jetzt Gegensatzpaare aufstellen: *Ihm ist angst ↔ Er macht ihm Angst/Er hat Angst*, aber das verschiebt nur die Grenze, die vorher zwischen „*machen*" und „*haben*" lag.

Gegensatzpaare zur alten Groß-/Kleinschreibung

Da die Kritiker immer wieder mit Listen zur neuen Schreibung aufwarten, hier dieselbe Vorgehensweise. In der neuen RS werden <u>alle</u> fraglichen Wörter analog angepasst; **die Rechtschreibklippen verschwinden.**

ein Sprung ins Dunkle	*etwas im dunklen* (neu: *im Dunklen*) *lassen*
mit Bezug auf	*in bezug* (neu: *in Bezug*) *auf*
im Dunkeln tappen (in der Dunkelheit)	*im dunklen* (neu: *im Dunklen*) *tappen* (im Ungewissen)
Auto fahren	*radfahren* (neu: *Rad fahren*)
Angst haben	*recht haben* (neu: *Recht haben*)
jemandem Sorge machen	*jemandem angst machen* (neu: *jemandem Angst machen*)
Sie kommen immer Dienstagabend.	*Sie kommen vielleicht Dienstag abend.* (neu: *Dienstagabend*)
Schwarzes Brett (neu: *schwarzes Brett*)	*schneller Brüter* (bleibt so)
der ohmsche Widerstand	*das Ohmsche Gesetz* (neu: *das ohmsche Gesetz*)
Es ist das Beste, was ich je gesehen habe.	*Es ist das beste* (neu: *das Beste*), *wenn du schweigst.*
Ein Spaziergang wäre jetzt das Beste.	*Spazieren zu gehen wäre jetzt das beste* (neu: *das Beste*).
Das geschieht zu deinem Besten.	*Es ist nicht zum besten* (neu: *zum Besten*) *gelungen.*
alles Weitere	*alles übrige* (neu: *alles Übrige*)
der Folgende (der einem anderen Nachfolgende)	*der folgende* (neu: *der Folgende*)(der Reihe nach)
ein Gleiches tun	*Er sagte das gleiche* (neu: *das Gleiche*).
Sie fuhr als Erste (= Siegerin) *durchs Ziel.*	*Sie fuhr als erste* (= zuerst) (neu: *als Erste*) *durchs Ziel.*
Ich kenne auch etwas Derartiges.	*Ich kenne auch derartiges* (neu: *Derartiges*).
Dieser Entscheid wurde rechtens gefällt.	*Dieser Entscheid ist Rechtens* (neu: *rechtens*).
Anklage gegen Unbekannt (neu: *unbekannt*)	*Eine Reise nach unbekannt* (bleibt so)
Die Ersten werden die Letzten sein.	*Den letzten* (neu: *die Letzten*) *beißen die Hunde.*
Wenn zwei sich streiten, freut sich der Dritte.	*Dieses Schicksal trifft jeden dritten* (neu: *jeden Dritten*).
im Nu	*im nachhinein* (neu: *im Nachhinein*)
Sie müssen sich im Untenstehenden genau auskennen.	*Sie müssen die Feinheiten im untenstehenden* (neu: *im Untenstehenden*) *genau kennen.*

▶ **Er ist ihm Feind.**

Die zweite Begrenzung ist nun, dass die Reform einige Wörter von dieser Uminterpretation ganz ausgeschlossen hat, nämlich *freund, feind*, weil der normale Schreiber sie in den Wendungen *Er ist ihm Freund/Feind* als Substantive ansieht. Dasselbe trifft auch auf *Todfeind* zu. Sie wollte auch hier großzügig sein, da es für den Leser eine feste Wendung bleibt. Nun gibt es aber hier ein kleines Problem: *spinnefeind*. Dieses Wort gibt es nicht als Substantiv. Also muss es auch in der neuen RS in der Wendung: *Er ist ihm spinnefeind* kleingeschrieben werden. Dadurch entsteht ein neues Gegensatzpaar: *Er ist ihm (Tod)Feind* ↔ *... spinnefeind*. Das ist in der Tat ärgerlich, selbst wenn die Schreibenden außerhalb des RS-Unterrichts diese Wendung sehr, sehr selten schreiben werden.

▶ **im Dunklen tappen**

Nach der herkömmlichen Norm schreibt man metaphorische feste Wendungen, wie *im dunklen tappen, auf dem trockenen sitzen,* meistens klein, aber nicht in allen Fällen, z. B. *Sie traf ins Schwarze* – konkret: *der Zielscheibe,* – metaphorisch: bei einer Angelegenheit. Das ist eine grafische Festsetzung, die zum Nutzen des Lesers gedacht ist. Aber die entscheidende Frage ist: Weiß der Leser das? Und wenn ja, weiß er, dass er sich nicht immer darauf verlassen kann. Für den Schreiber ist die Schreibung kontraintuitiv, da die Binnenstruktur der Wendung ihm durch den Artikel und die Flexion des Adjektivs ganz klar eine Substantivierung anzeigt. Es wurde daher, da der Nutzen für den Leser in Frage steht, für den Schreiber entschieden und eine in ihrem Effekt fragliche Ausnahme abgeschafft.

In derselben Weise wurde generell entschieden, auch in adverbiellen festen Wendungen das fragliche Wort wegen des Artikels großzuschreiben: *des Öfteren, im Allgemeinen, aufs Neue, im Nachhinein* usw.

▶ **schwarzes Brett**

Adjektiv + Substantiv wurden, wenn es feste Fügungen sind, in der alten Rechtschreibung in einigen Fällen großgeschrieben, in der Mehrzahl der Fälle jedoch nicht. *Schwarzes Brett*, aber *schwarzes Schaf* (in der Familie), *schwarze Liste*. (Vgl. die gegenüberliegende Liste.) Warum in der alten RS einmal groß-, einmal kleingeschrieben wird, ist nicht zu erkennen. Im amtlichen Regelwerk von 1902 gibt es diese Großschreibung nicht. Eine Fall-zu-Fall-Regelung ist eine schlechte Lösung und hilft auch nicht dem Leser.

Die Reform hat aber auch die Großschreibung des Adjektivs wieder rückgängig gemacht, weil die Abgrenzung zwischen fester Fügung und charakterisierender Wortgruppe sehr schwierig ist, z. B. *schlaues Buch* ↔ *schlaues Haus* (kluger Mensch). Hier könnte nur eine Liste helfen, welche jeden Einzelfall festlegt. Genau das muss aber in einer Rechtschreibnormierung, wo immer es möglich ist, vermieden werden.

Feste Fügungen (in alter Rechtschreibung)

Schwarzes Brett	*schwarze Liste, schwarzes Schaf*
Schwarze Magie	*schwarze Messe*
	schwarze Johannisbeere
	blauer Brief
	blauer Montag
	blaues Wunder
	rote Karte
	rote Johannisbeere
	rote Grütze
Gelbe Engel (ADAC)	*gelbe Karte*
Weißer Tod	*weiße Fahne*
Weiße Frau	*weißer Fleck*
	weiße Mäuse
	weißer Sport
	grüne Minna
	grüner Star
	grüne Witwe
Goldener Schnitt	*goldene Hochzeit*
Goldenes Buch	*goldene Worte*
	goldenes Tor
Schnelle Medizinische Hilfe (= SMH)	*schneller Brüter*
Schnelle Eingreiftruppe	
Erste Hilfe	*der erste Spatenstich*
	die erste heilige Kommunion
	neues Jahr
	neue Mathematik, neue Medien,
	neue Bundesländer, neue Linke
die Hohe Schule (Reiten)	*die hohe Jagd*
das Hohe Haus (Parlament)	*auf hoher See*
die Hohe Messe	
	die nordische Kombination

5. Zeichensetzung

In der Zeichensetzung hat es neben Kleinigkeiten nur Veränderungen beim Komma gegeben. Dies betrifft einmal das Komma in Bezug auf „*und*" und beim Infinitiv mit „*zu*".

Prinzipiell gilt – und daran hat sich auch nichts geändert –: Das Komma signalisiert
(1) die Wiederholung/Aufzählung eines Satzteils oder Satzes (Reihung, Aufzählung),
(2) den Ersatz eines Satzteils durch einen Teilsatz und
(3) den Einschub, Zusatz, Nachtrag, eine Herausstellung zu einem Satz.
    Seit alters her gibt es dazu zwei Problembereiche: das sind „*und*" und der Infinitiv mit „*zu*".

Grundregeln Komma

(1) Aufzählungen aller Art:
    Sie ernten Äpfel, Birnen und Pflaumen.
    Sie ernten Äpfel, verarbeiten sie zu Kompott und füllen sie in Gläser.

(2) Nebensätze:
    Als es Abend wurde, gingen sie ins Kino.
    Sie gingen, als es Abend wurde, ins Kino.
    Sie gingen ins Kino, als es Abend wurde.

(3) Zusätze, Einschübe, Herausstellungen:
    Sie gingen am Wochenende, und zwar am Samstag, ins Kino.

▶ Komma bei *und*

Die Kritiker möchten gerne das Komma bei „*und*" + Hauptsatz erhalten, sie schätzen die „bekannten Zweifelsfälle" gering ein. Die Fehlerstatistik zeigt jedoch, dass dies ein Fehlerschwerpunkt ist, und der alte Duden R 116 – 124 stellt eigens noch einmal alle Komma-Regeln zu „*und*" zusammen. Der Grund für das Problem liegt darin, dass das Komma vor „*und*" für den Schreiber kontraintuitiv ist, weil er diese Konstruktionen gemäß (1) für eine Aufzählung hält (vgl. die nebenstehende Aufstellung). Außerdem hat diese Ausnahme wiederum mehrere Ausnahmen von der Ausnahme. Daher der Änderungsvorschlag. Der § 73 der neuen Regeln erlaubt jedoch das Setzen des Kommas als stilistisches Mittel. Das entscheidende Beispiel ist der Satz „*Er traf sich mit meiner Schwester, und deren Freundin war auch da.*" Die Sprachwissenschaft behandelt diese Fälle als „garden-path-sentences", d. h., beim fortlaufenden Lesen dieses Satzes (allerdings ohne steuernden Kontext) hält man zunächst *und deren Freundin* für ein weiteres Objekt zu *treffen*. Um diese kurzfristige Irritation auszuschließen, wird der bewusste Schreiber hier ein stilistisches Komma setzen. In diesem Sinne muss die Kommission weitere stilistische Hinweise entwickeln.

Komma vor „*und*" nach dem alten Duden 1991, R 90, R 109

Regel: *Otto kommt mit der Bahn, Karl mit dem Auto __ und Ilse mit dem Zug.*

Ausnahme: *Otto kommt mit der Bahn, Karl kommt mit dem Auto, und Ilse kommt mit dem Zug.*

Ausnahmen von der Ausnahme:

1. *Otto kommt mit der Bahn __ und er bringt das Gepäck mit.*

2. *Karl sagt, Otto kommt mit der Bahn und Ilse bringt das Gepäck mit.*

3. *Als es Abend wurde, kam Otto mit der Bahn, und Ilse kam mit dem Zug.*
   (≠ Als es Abend wurde, kam Otto mit der Bahn und kam Ilse mit dem Zug.)

▶ Komma beim Infinitiv mit *zu*

Ähnliches gilt nun für die Infinitiv- und Partizipialgruppen. Da die Schreibung des Infinitivs mit *zu* auf der Basis von zwei Grundregeln mit elf Ausnahmeregeln behaftet (vgl. das Schaubild) und höchst fehleranfällig war, wurde hier das obligatorische Komma gemäß (2) getilgt und ein stilistisches Komma eingeführt. Gleiches gilt für den Partizipialsatz.

Es ist unstrittig, dass man die alte Regelung zwar durch grammatische Beschreibung von kohärenten versus nicht-kohärenten Infinitiven rekonstruieren konnte, dass aber diese Theorie nicht schulisch umsetzbar ist. Was das stilistische Setzen des Kommas gemäß § 76 im Einzelnen bedeutet, muss die Schreibgemeinschaft in der Zukunft erst ermitteln.

Gallmann und Sitta (1996) haben dazu in enger Anlehnung an die alte Regelung (und die oben erwähnte Theorie) einen Vorschlag gemacht. Eisenberg hat Grundsätze für den Friedrich-Verlag entwickelt. Wir haben hier eine offene Situation, mit der sich auch die neu eingerichtete Kommission beschäftigen wird. So viel dürfte aber gewiss sein, der Satz der Kritiker *Er sah den Spazierstock in der Hand tatenlos zu*, wird ein stilistisches Doppelkomma erfordern, da es – analog zu dem obigen Beispiel zu *„und"* – eine Leseirritation vermeidet:

> *Er sah, den Spazierstock in der Hand, tatenlos zu.*

Dasselbe gilt für die beiden folgenden Infinitivsätze:

> *Sein Vertrauen zu gewinnen war entscheidend.*
> *Sein Vertrauen, zu gewinnen, war entscheidend.*

Das Komma beim Infinitiv bleibt erhalten, wenn – wie bisher – gemäß (3) der Infinitiv mit *zu* ein Nachtrag, ein ungewöhnlicher Zusatz ist oder wenn er ein Wort wieder aufnimmt, z. B. *Sich selbst zu besiegen, <u>das</u> ist der schönste Sieg.*

Mit der Entscheidung, das obligatorische Komma in bestimmten Fällen durch ein fakultatives zu ersetzen, **verstärkt die Reform das stilistische Komma**, so wie bisher auch das Semikolon stilistisch und nicht grammatisch verwendet wurde. Es ist erstaunlich, dass dies manche Schriftsteller als einen Verlust ansehen.

Komma beim Infinitiv nach dem alten Duden von 1991

MIT KOMMA   OHNE KOMMA

Grundregel

erweitert: (R 107)

> *Er ging in die Stadt, um einzukaufen.*
> *Sie hatte keine Gelegenheit, sich zu*
> *kämmen.*
> *Er wünschte sich, eingeladen zu*
> *werden.*

nicht erweitert: (R 108)

> *Der Abgeordnete beginnt zu sprechen.*
> *Die Ärztin versprach zu kommen.*
>
> *Zu klagen wagte sie nicht.*

… Ausnahmen

nicht erweitert:

1. *Er war bereit, zu raten und zu helfen.*

2. *Seine Absicht war, zu gewinnen.*

3. *Zu tanzen, das ist ihre größte Freude.*

4. *Ich komme, zu helfen* (= um zu helfen).

5. *Ich rate ihm, zu helfen.*
   Ich rate, ihm zu helfen.

6. *Er hat keinen Grund(,) zu glauben,*
   daß er übervorteilt wurde.
   aber: *Wir bitten zu entschuldigen,*
   daß…

erweitert:

1. *Diesen Vorgang wollen wir zu klären*
   versuchen.

2. *Diesen Betrag bitten wir auf unser*
   Konto zu überweisen.

3. *Sich selbst zu besiegen ist der schönste*
   Sieg.
   aber: *Sich selbst zu besiegen, das ist*
   der schönste Sieg.

4. *Der Kranke drohte bei dem Unfall zu*
   ersticken.
   aber: *Der Kranke drohte ihm, sich um-*
   zubringen.

5. *Er glaubte mir damit imponieren zu*
   können.
   aber: *Er glaubte fest, mir imponieren*
   zu können.

6.   Worttrennung (= WT)

Bei der Reform kam es darauf an, das silbische Prinzip zu stärken, sodass das silbische Aufteilen der Wörter beim langsamen Lesen zur richtigen WT führt. Die Kritik richtet sich auf die Abtrennung eines Vokals, die Trennung von *ck* und die Liberalisierung bei der Fremdworttrennung.

A-bend

Es ist ein Faktum, dass der Schreiber beim langsamen Lesen und Sprechen den oder die als Silbe gesprochenen Buchstaben für einen Vokal abtrennen kann: *Ah-le, Aa-le* – so schon bisher erlaubt –, warum dann nicht auch *A-bend*? Wir können nicht erkennen, warum das „schauderhafte Gebilde" sein sollen. Wer es ästhetisch nicht mag, muss dort nicht trennen. Die Kriterien der Drucker (aus der Zeit des Bleisatzes!) können nicht in den Rang von Regeln für alle Schreibenden erhoben werden. (Genau das ist in vielen Bereichen seit 1903 geschehen.)

Zu-cker

Die Trennung von *ck* war in der Tat bisher ein Problemfall. Er wurde dadurch verursacht, dass der Doppelkonsonantenbuchstabe *k* als *ck* realisiert wird. Die einfachste Lösung wäre die Rückverwandlung dieses *ck* in *kk* (noch in norddeutschen Familiennamen, z. B. *Bakker*); damit bedürfte es keiner Ausnahmeregel bei der Worttrennung. Die zweitbeste Lösung wäre in unseren Augen, auf der Basis der Ausnahme *ck* auch *c-k* zu trennen. Seltsamerweise erörtern die Kritiker diese Variante überhaupt nicht, sie wurde in der Kommission heftig diskutiert. Die drittbeste Lösung ist das Zusammenlassen von *ck* und damit eine Analogie zu *ch* und *sch* herzustellen. Diese Verschriftungen von [ç] bzw. [ʃ] stellen ja – was die Kritiker nicht erwähnen – ebenfalls eine Ausnahme nach kurzem Vokal dar, z. B. *wachen, waschen*, weil sie trotz Silbenfuge nicht verdoppelt werden, z. B. aber *wallen*. Es spricht also viel dafür, dass die Schreiber die Analogie *-sch, -ch, -ck* sehr wohl intuitiv sehen, so dass es ihnen kein Problem bereitet, auch *ck* auf die folgende Zeile zu setzen. Während die Trennung von *ch, sch* bisher in den Schulen nie eigens thematisiert wurde, musste die Rückverwandlung des *ck* in *k-k* immer besonders geübt werden. Das Problem haben in diesem Fall der Neuregelung also eher die Sprachwissenschaftler als die normalen Schreiberinnen und Schreiber!

Helikop-ter

Schließlich zu den Fremdwörtern. In den amtlichen Regeln von 1902 heißt es: „Erkennt man die Bestandteile von Fremdwörtern nicht, so richte man sich nach den Regeln unter 1a und b [d. h. „einfacher (nicht zusammengesetzter) Wörter"]." Die Reformer haben diese alte Regel wieder in Kraft gesetzt, nichts mehr und nichts weniger. Ein Kritiker schreibt: „Ebenso wird jeder sich klarmachen können, daß das *syn* in *synonym* noch in sehr vielen anderen Wörtern vorkommt und 'zusammen' bedeutet. … Wo solche Reihung vorherrscht, kann dem Schreiber wohl doch etwas mehr zugemutet werden." Wir glauben hingegen, dass es manche gibt, die das Wort *synonym* kennen, die aber nicht die Bauform durchschauen und deshalb auch nicht *syn-* als reihenbildend erkennen. Selbst die Kenner sprechen im Deutschen nicht *syn'onym* mit Knacklaut (Glottiseinsatz) vor dem *o*, aber sie können gegen (!) die Zerlegung in Sprechsilben nach dem *n*, also nach der Bauform trennen. Auch in der alten RS gab es schon die WT nach Sprechsilben: *Drama-turg, Exi-tus, Tran-sit, Melo-die* u. a. Wenn die Kritiker befürchten, dass dadurch eine Teilung in Gebildete und Ungebildete befördert wird, so könnte diese befürchtete Stigmatisierung nur von den Gebildeten ausgehen.

Worttrennung

alte RS	neue RS
hin-auf	*hin-auf/hi-nauf*
her-ab	*her-ab/he-rab*
wor-an	*wor-an/wo-ran*
voll-enden	*voll-enden/vol-lenden*
Klein-od	*Klein-od/Klei-nod*
ein-ander	*ein-ander/ei-nander*
Ab-itur	*Ab-itur/Abi-tur*
Ad-renalin	*Ad-renalin/A-drenalin*
aut-ark	*aut-ark/au-tark*
Chir-urg (aber: *Drama-turg*)	*Chir-urg/Chi-rurg*
Chrys-antheme	*Chrys-antheme/Chry-santheme*
Dem-agoge	*Dem-agoge/Dema-goge*
En-ergie	*En-ergie/E-nergie*
Ex-odus (aber: *Exi-tus*)	*Ex-odus/E-xodus*
Folk-lore	*Folk-lore/Fol-klore*
Heliko-pter	*Heliko-pter/Helikop-ter*
In-itiative (aber: *Tran-sit*)	*In-itiative/I-nitiative*
inter-essant	*inter-essant/inte-ressant*
Lin-oleum	*Lin-oleum/Li-noleum*
Mon-archie	*Mon-archie/Mo-narchie*
Nost-algie	*Nost-algie/Nos-talgie*
Päd-agoge	*Päd-agoge/Pä-da-goge*
Pan-orama	*Pan-orama/Pa-no-rama*
Par-allele	*Par-allele/Pa-ral-lele*
Psych-iater	*Psych-iater/Psy-chiater*
Par-odie (aber: *Me-lo-die*)	*Par-odie/Pa-rodie*
Pseud-onym	*Pseud-onym/Pseu-donym*
Pull-over	*Pull-over/Pul-lover*
syn-onym	*syn-onym/sy-nonym*
Vit-amin	*Vit-amin/Vi-ta-min*

amtliche Regeln 1902, § 23 (2), Anmerkung zu den „zusammengesetzten Wörtern":

> Anm. Für zusammengesetzte Fremdwörter gilt dieselbe Regel wie für solche deutsche Wörter. Man schreibt also z. B. Atmo-sphäre, Mikro-skop, Inter-esse. Erkennt man die Bestandteile von Fremdwörtern nicht, so richte man sich nach den Regeln unter 1a und b.

III. Schlussbetrachtung

Im politischen Handeln werden Entscheidungen durch Verfahren legitimiert und Kontroversen durch Kompromisse gelöst. Beides bedingt einander. Ist der Kompromiss im und durch ein Verfahren legitimiert, so dient es der Handlungssicherheit, dass solche Kompromisse nicht wieder aufgekündigt werden.

Das Verfahren zur Rechtschreibreform war lang und schwierig und hat politisch von 1988 bis 1996 gedauert. Die Kompromisse waren oft schmerzlich, noch 1995 wurde nach dem Einspruch Herrn Zehetmairs darum gerungen. Durch den Beschluss der KMK und die „Willenserklärung" von Wien wurde ein Faktum geschaffen, das das Verfahren beendet und das folglich der Ausgangspunkt vieler Entscheidungen war und ist. Die Menschen in den Deutsch sprechenden Staaten haben sich auf die RS-Reform eingestellt; Regierungen, Verlage, Schulen, Computerunternehmer und viele Millionen Bürgerinnen und Bürger haben gehandelt im Vertrauen auf diese verlässlichen und bindenden Entscheidungen.

Da Verlässlichkeit nicht nur im privaten, sondern auch im gesellschaftlichen und politischen Bereich eine wichtige Grundlage allen Handelns ist, muss die Hürde für nachträgliche Änderungen sehr hoch sein.

Wir erkennen an, dass es gerade den versierten Schreibern schwer(er) fällt, Erlerntes und Beherrschtes durch anderes zu ersetzen, zumal in dem einen oder anderen Fall die Begründung – z. B. eine optische Differenzierung, die einem wenigstens das Lernen des Schwierigen einsichtig machte – nun nicht mehr gelten soll. Die neuen Schreibungen und Regeln lösen daher gerade bei manchen Schreibkönnern Unbehagen und emotionale Abwehr aus. Aber allein ästhetisches Unbehagen kann nach diesem langen Verfahren kein Grund für eine nachträgliche Änderung sein. So war es z. B. in der Erarbeitung bis zuletzt umstritten, ob ein Vokal abgetrennt werden können soll. Nun ist aber die Entscheidung gefallen. Wen es stört, der kann diese Trennung selbst leicht vermeiden; aber wegen der Verlässlichkeit des Verfahrens sollte er jetzt die Toleranz aufbringen, es zu „erdulden", wenn andere von dieser Trennregel Gebrauch machen.

Es gehört auch zur Verlässlichkeit, sich an Kompromisse zu halten. Wenn jeder Beteiligte an der Reform anlässlich der neuen Diskussion alle seine Punkte wieder aufgreift, in denen er überstimmt wurde, dann ist keine Reform realisierbar.

Den anderen Kritikern können wir aus unserer Erfahrung sagen, dass die Kritik der bisher geltenden RS eine vergleichsweise leichte Übung ist und erst das Abfassen eines vollständigen neuen Regelwerks die eigentliche Anstrengung bedeutet. Von der sprachwissenschaftlichen reinen Lehre bis zu einem allseits (auch politisch) konsensfähigen Vorschlag ist es ein weiter Weg!

Wenn – trotz allem – das neue Regelwerk zu Einzelfallschreibungen führt, die sich durch die Arbeit am Wörterbuch als nicht haltbar erweisen, so sollen sie geändert werden, allerdings wegen der Verlässlichkeit so schonend wie möglich. An einigen Stellen zu den Einzelbereichen ist das im obigen Text bereits angedeutet.